语文专题学习设计指导丛书

北京师范大学基础教育合作办学平台核心资源

# 说尽青春与孤独

## 成长小说专题

王凤瑜 章美玲◎编著

主　编　张秋玲　郑国民　屈　浩

副主编　杨　雪　迟超智　张洪玲

编　委　唐建新　田红艳　吴　泓　苏锦绣　彭莉琼　王中伟

　　　　陈大伟　方孟珅　金英华　吴林俊　王凤瑜　章美玲

　　　　黄勇智　邱晓云　张丽萍　丘小云　夏　敏　黄玉慧

　　　　罗　丹　上官卫红　邱道学　刘志江　王忠亚　谢政满

　　　　麻　琰　迟　旭　刘艳红　金　亚　黄　欣　佘小涵

　　　　张漫漫　光明明　李　克　禹明超　姚舒扬

北京师范大学出版集团
BEIJING NORMAL UNIVERSITY PUBLISHING GROUP
北京师范大学出版社

**图书在版编目(CIP)数据**

说尽青春与孤独：成长小说专题 / 王凤瑜，章美玲编著 . —北京：北京师范大学出版社，2018.11
（语文专题学习设计指导丛书）
ISBN 978-7-303-23549-0

Ⅰ．①说… Ⅱ．①王… ②章… Ⅲ．①中学语文课－高中－教学参考资料 Ⅳ．①G633.303

中国版本图书馆 CIP 数据核字（2018）第 041305 号

出版发行：北京师范大学出版社 www.bnupg.com
北京市海淀区新街口外大街 19 号
邮政编码：100875
印　　刷：北京京师印务有限公司
经　　销：全国新华书店
开　　本：787 mm×1092 mm　1/16
印　　张：10.75
字　　数：205 千字
版　　次：2018 年 11 月第 1 版
印　　次：2018 年 11 月第 1 次印刷
定　　价：26.00 元

策划编辑：张洪玲　　　　　责任编辑：李　克
美术编辑：王　蕊　　　　　装帧设计：王　蕊
责任校对：段立超　陈　民　责任印制：孙文凯

# 谈谈专题学习

以语文学科为轴心重建的学校课程结构由专题学习、创意学习、实践学习三个模块构成，其中，专题学习模块立足于每个人都是信息平等的拥有者、接受者、学习者、使用者、创造者和传播者，利用现代信息网络技术构建一个人人得读、人人得写、人人得发表、人人受关注的语文学习环境。它在继承传统语文学习优势的基础上，提出了"阅读经典—成就自我—点亮人生""帮助师生成为更好的自己"的课程目标。"语文专题学习设计指导"丛书中呈现的每一个专题都在阐释"学会阅读"及"在阅读中学习"的理念；同时，尽力将师生隐性存储的阅读经验，借助相关技术手段进行了可视化呈现，旨在促使读者能通过隐性经验的借鉴，成就自我，彰显独特，做"唯一"的自己，成为集体中不可替代的个体。

## 一、什么是专题学习

本套丛书所说的"专题学习"是语文专题研究性学习的简称。专题研究性学习是针对语文学科中值得探究的学科知识、问题进行专门的调查与探究，最终由学生依据调查过程与探究结果，得出符合常识、情理、逻辑的探究结论。有了探究结论之后，再把探究的过程、运用的方法和获得的结论用规范的文章样式、撰写成具有一定专业性、学术性、综合性较强的探究小论文。

专题仅是模块组合的一种教学单位（单元），是基于互联网的技术手段研发的一种新型课程形态（见图1）。它以学生不同阶段身心特点、认知策略、思维品质中亟待解决的"根问题"为内核（图1中心点的学习问题），筛选、整合学习材料（图1中箭头向内的文本1……n），利用互联网即时、交互、存储的强大功能，运用发现学习和随机介入的教学法，实现学生自主、合作、探究的个性化学习，以增益学生心智、养成精神品质、积淀生命智慧、发展"辐射—聚合"式立体言语思维为宗旨的语文课程形态。

## 二、专题学习的特点

与传统语文学习进行比较，模块课程下的专题学习具有以下六个鲜明的特点。

### 1. 言语思维

霍华德·加德纳的多元智能理论将人的智能分为九种，不同的人会因外界环境，特别是家庭环境的影响而表现出一种或几种智能偏好。多元智能理论中的语言—言语

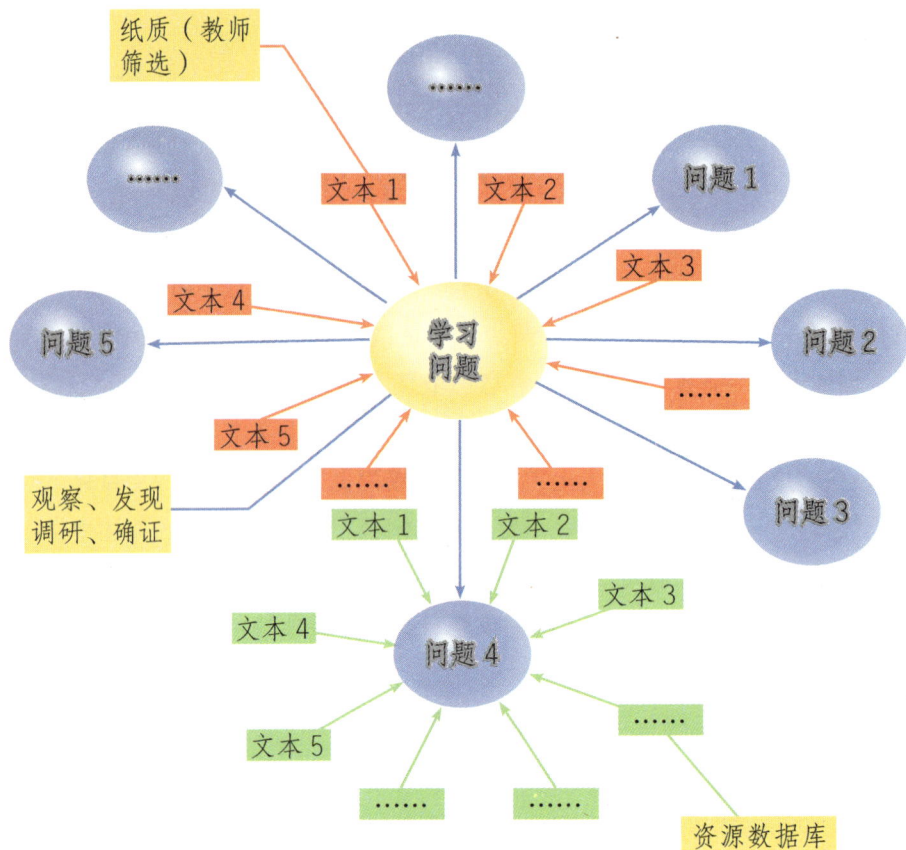

图1 模块课程·专题学习的课程形态

智能是与语文学习联系最为紧密的一项智能结构，是人之所以为人的核心智能，也是20世纪20年代俄国心理学家维果茨基在他的《言语与思维》中提出的"言语思维"。言语思维不是言语加思维，而是言语通过它表达思想的一种媒介机制，思想运动到词的过程就是在这里完成的。这就决定了语文的学习不能仅仅拘泥于听、说、读、写这些可视化技能的发展，而是要突破局限，关注影响听、说、读、写水平高低的言语思维的成熟度与发展水平，没有言语思维的成熟与发展，听、说、读、写的发展就成了无源之水、无本之木。据此，专题学习构建了"思维为主线，读写为两翼"的课程逻辑，"读—思—写"三位一体的课程框架，围绕语文核心素养的四个层级，由外至内、由显至隐地确定了"阅读者—思考者—思想者"等促进言语思维机能发展的三个层级。

## 2. 完整经典

所谓"完整经典"，是相对于一百多年来语文教科书中的节选课文而言的，专题学习主张在通读一篇无删节的文章，或一本完整的书的基础上，结合阅读中发现的问题进行系统的、有序的拓展阅读。阅读中，建立起把"这一"问题放到整篇文或整本书的宏观布局中进行思考，在比较与联系中增进思维的广度和深度。"完整经典"的外延是宽泛的，不仅仅是文学作品，也包括哲学、科学、历史等各领域的经典之作，例如，蒋廷黻的《中国近代史》、法布尔的《昆虫记》、霍金的《果壳中的宇宙》、斯维拉娜·亚历塞维奇的《切尔诺贝利的回忆：核灾难口述史》等。这些都可成为专题学习的阅读材料。

### 3. 专题研读

"专题研读"是专题学习实践层面的特点。专题是指"专门研究或讨论的题目"，是以"题"（问题、话题、课题、主题）为最小学习单位及学习起点组合而成的一组学习材料；研读不是指学术意义上的为研究而阅读，而是指个体借助阅读材料不断修正认识，调整思考，完成学习的过程。专题是为了集中，研读则是为了深入。"集中"体现在学习内容的集中、学习时间的集中和学习专注力的集中。"深入"则体现为对学习材料做读进去、跳出来的穿透式阅读，对问题进行触及本质的纵深思考。

### 4. 读写一体

专题学习中的"写"与"读"一脉相承。每一个专题学习都是在15~25天的时间内，围绕一个人，或一类作品、一个问题、一个事件等反复阅读，弄清楚所读问题的来龙去脉。读是写的前提和基础。"读"是在学习他人如何发现问题、观察问题、确定问题、分析问题、论证问题、得出结论，是学生积累知识、积累经验、积累思想的过程；"写"是内化、吸收、继承、超越与创造，是学生在自己的文字中利用从"读"中学来的方法，积累的语言，形成的思想，用自己的文字向他人表达思考，传递思想，是对学生有没有创造力和想象力的考量。

### 5. 随需而教

随需而教的"需"是指处于真实情境，解决疑难时的学习之"需"，是学生阅读时遇到的具体而微的真问题、真困难。随需而教中常用的策略是"变"，包括学习之变和资源之变两个方面。学习之变体现在学生初步接触学习材料时形成的浅认知会随着阅读的持续、累积而走向对问题的深层思考，"教"也必然随着"学"之变进行调整。"教"还会随着资源之变而调整，一是依据特定群体学生的问题及学习需要对前期准备好的学习资源进行调整与更换，这是由学习问题变化带来的文本之"变"；二是依据学生的学力水平对学习资源进行的抽换与增补，这是学情之"变"引发的"教"之变。此"变"要求教师必须具备针对学情之变及时调整课程内容、学习进度、教学策略的能力。

### 6. 网络平台

网络平台是专题学习得以实施的技术保障。进行专题学习，需要在网络平台上利用移动互联网、大数据、云存储建立起一个个虚拟教室，学生可根据自己的学习爱好选择虚拟班级进行学习，可以利用虚拟班级中的资源数据库、作业提交、交互问答、讨论空间、学习仪表盘、智能评估等工具，在丛书各个专题的导引下，自主完成选定的专题，从而实现个性化的语文学习。

# 三、开始一个专题的学习

每一个专题均由专题方向、专题准备、专题实施、专题评价四大板块构成，每个板块又有一些具体的栏目。下面结合丛书的整体设计对各个板块和一个个小的栏目详细说明，以便顺利开始一个专题的学习。

## （一）专题方向

当你翻开这本书时，首先看到的便是"做一个阅读者"，或"做一个思考者"，或"做一个思想者"三个方向中的一个，这是专题的定向，即要求完成这个专题的学生在各层级的哪些方面必须有所增益。这是基于维果茨基的"言语思维"理论学说，结合16年对青少年言语思维发展特点的观察研究而确定的。在开启一个专题的学习之前，学生首先就要弄清楚如何才能把自己变成一个真正的阅读者（思考者或思想者）；成为"××者"要学习哪些基本策略；掌握了这些基本策略、完成了专题中编排的学习活动与任务后，自己能独立做些什么事情。

### 1. 做一个阅读者

阅读者是一个理性而谦逊、能将文本特质与生命思考进行有机融通的人。他能依据阅读目的、文本类型，自动、灵活、快速、有效地使用不同阅读策略，熟练地完成预设的学习任务；或者能依据阅读期待，设计激励自我持续阅读，借助文字探索未知、获取新知、解决问题、完善自我、发展思维、涵养精神，是一个能够通过阅读独立完成知识更新，拥有过去、现在和未来的人。

一个阅读者能在学习并掌握了精读、研读、泛读、略读、速读、跳读、读图、聆听、信息加工等能力后做到：（1）定期、定时阅读；（2）主动记诵日常生活中能恰当、准确表达思想的词汇、语句；（3）阅读中能随时做圈点批注，摘录文中的关键信息及主要观点；（4）坚持在写读书笔记中积累能支持自己判断或观点的证据；（5）能在较短的时间内迅速获取重点信息；（6）能依据文本内容的显性信息进行整合，给文章撰写摘要；（7）能在文本与自我、与其他文本、与世界之间建立起合理的联系；（8）能独立发现文本中的矛盾与空白点；（9）能运用文本中的显性信息与隐性信息推测出文本未言之事/情，得出合理的结论；（10）能围绕一个问题查询、收集、甄选阅读材料；（11）能将常用的学习资源及学习网站进行分类管理及有序存储；（12）能对阅读材料进行基本的分类；（13）能通过阅读更新知识、修炼自我。

在阅读者这个层级中，学生需在教师的帮助下完成从"学会阅读"向"在阅读中学习"的过渡与转变，为接下来成为思考者和思想者做知识、能力、态度三方面的学习准备。

### 2. 做一个思考者

思考者是能够在日常生活中，依据当时当地的具体情境想办法、出点子、动脑筋解决真实问题的人；也是能够在纷繁复杂、杂乱无序、隔离割裂的事物之间建立起逻辑联系，在深入比较、系统分析的基础上，找到事物之间的共性规律，并从共性规律中探求事物本质的人。

"做一个思考者"要求师生共学、合作完成、发展出在多维视角、不同视野、异质思维下关照同一生活事件、社会现象的能力。一个思考者能运用观察、判断、推理、预测、排序、比较、分类、辨别、调查、建模等思维能力做到：（1）能集中注意力专注于一个特定的任务；（2）能发现他人发现不了的问题，或观察到他人没有观察到的现象；（3）能依据事物发展中呈现出来的不同状态，对事物的发展趋势做出清晰的判断与推理；（4）能对众人认可的观点提出自己独到、合理的判断，并给出充分的理由；（5）能利用文本中的关联信息，对文本内容进行推理，提出可行的假设或得出可靠的结论；（6）能在阅读、讨论中关照他人（同伴）的意见或看法；（7）能够依据占有的信息，根据当时的情况，迅速做出抉择，取其一而舍其余；（8）能与同伴进行有理有据、有逻辑的讨论与辩论；（9）能态度温和、理据充分地驳斥他人不合理的观点或结论；（10）能够计划、筹备一个大型的学习活动，并动员同伴参与。

在这个能力层级，专题学习中的每一个学习指令、学习任务、学习问题，都是为了满足学生思考与探索中的个性化学习。经历了如此思考与探索，学生当能在真实的思考互促中完善自我，成为一个精神自由、思维独立的思考者。

### 3. 做一个思想者

思想者是一个能够自己主宰自己大脑，不轻易将他人的谬误、讹传装进大脑的人；是一个能从纷繁复杂的信息中披沙拣金、拨云见日的人。这样的人无论在怎样的情境中，基本都能够站在客观、中立的立场上摆脱盲从，运用自己的思考洞见事物真貌，做出理性判断，形成独立见解，发表独到观点。

一个思想者能够运用概念、概括、分析、说明、解释、陈述、描写、论证、转述、举例、评析、演说等表达能力，有逻辑地做到：（1）能基于生活事件、社会现象表达自己独到的观点；（2）能有条理、逻辑清晰地表述自己的见解；（3）能用不同的表达方式解释或表达见解；（4）能从繁杂的信息中辨析某类信息的合理性；（5）能就某一观点，理据充分地表达见解；（6）能对生活事件、社会现象进行辩证性评析；（7）能对群体中的分歧进行融合理解，提出一个能令分歧双方均能接受的方案；（8）能自觉、主动地反思已完成的学习任务，从中吸取教训，总结得失。

在这个层级，要求师生一起成长，能洞察未知，具有远见卓识，不人云亦云，不老生常谈，不以讹传讹，能用精准、恰当的语言表达体现自己独立思考、精神自由的真见识、真观点、真思想。

### （二）专题准备

"专题准备"是开启一个专题的学前准备阶段。学生要按照书中的要求或规定做好专题学习的各项准备。

1. 依据自己的真实学习水平，完成学习力调查问卷，确定自己的学习层级——基础层级、拓展层级、挑战层级。

2. 按任务类型购买笔记本及学习用纸，并对笔记本进行记录分区。

3. 按要求，按版本购买阅读书目。

4. 阅读在线课程手册，同时熟悉网络平台上的各功能按钮。

5. 建立云端学习空间，依据课程手册的要求完成空间的分类。

6. 明白该专题的学习价值，需提交的阶段性学习成果、评价方式及标准，终结性学习成果、评价方式及标准。

7. 明白专题学习资源的类型及层级。

**(1)学习资源的类型**

①原作研读。"原作"包括文章与书籍，是专题学习最为基础的学习材料；"研读"就是通过教师的带读、导读，把学生引回到文化的起点，让学生沉进文本，用自己的心理触觉"还原"经典作品的要义。专题学习融进了"以史解经典""以理释经典""以情悟经典""以生命读经典"的方法论，这些方法需要学生在研读中慢慢融通成一种内在的学习力。

②背景材料。背景材料包括作者传记、生平轶事、创作心理、思想波动、时代语境等。它的功能是帮助学生以"己意"去"逆"作者或作品之"志"。在"逆"的过程中，既不能完全抛弃学生的"现在视域"，也不能把作者的"初始视域"简单地纳入自己的"现在视域"，而是要把这两种不同的视域融合起来，形成一个融作者视域进入"我"之视域的全新视域，在不断追寻作品之意、作者之志的过程中，形成自己独到的阅读诠释。

③鉴赏解读。鉴赏解读渗透的是"缀碎为整"的方法论，鉴赏解读的学习材料多是针对原作中的某个学习点进行鉴赏、解析。在此可以读到不同学者对同一作品（者）的解读、辨析、评述。学生可以通过阅读这类文章甄别他人的观点，整合众人的思考，形成有据判断，做到横向拓展，纵向挖掘，在借鉴、接纳、吸收中提升批判与创新的思维意识，形成独立解决问题的能力。

④互文比读。互文比读是一种以文解文的重要阅读策略。在阅读这组文章的时候，学生将运用比较、联系、求证的思维方式，在不同的文章之间寻找相关（似）点或差异点，同时在文章与文章之间勾连出外部搜入与内部自洽形成的卯榫结构，在由读而写、由写而读的反复过程中，在这组文章中往返来回穿梭几次，拓宽思维的宽度与厚度；在对比类推、举三反一的过程中，发展就事论理的能力，让自己建立一个多感官联动的立体思维模式。

⑤学生习作。学生习作是专题学习中不可或缺的重要资源，这些同龄人的学习成

果是学习与效仿的最佳对象。这些习作能帮学生打开思维的触角，延展思维的广度，提供研读与写作的参考角度，同时，也能帮学生建立自信、突破自我。它告诉我们，只要依据本书的步骤，遵循教师的指导，完成1～2个专题之后，谁都能写出这样有独到见解的优秀习作。这些习作有的是对专题学习材料中提供的研究结论进行的质疑、驳斥，校正、完善；有的是对一些常识性的理解与问题提出的新思考；有的是对某一个事物进行考证后，利用新证据对已有结论进行的物证补充。总之，凡入选学习成果的习作，除考察语言表达是否精准、论证是否严谨之外，更重视习作本身能否反映学生对所论问题的个性化思考与深度论证。

**(2)学习资源分层**

基于前期的实验数据，丛书中的每个专题均对原作（著）、背景资料、鉴赏解读、互文比读等4类学习材料依据学情及文本难易进行了"基础阅读""拓展阅读""挑战阅读"的层级划分。基础阅读是底线，是要求班内所有学生进行精读、研读的必读文本；拓展阅读是发展差异，学生可依据个人的阅读能力、理解水平、学习偏好，根据自己的实际需要，按要求、有目的、有针对性地进行必读与选读文本的自由搭配；挑战阅读是鼓励创新，如果拓展层级的学习未能解决学生的问题，他就可以到专题学习的网站自由选取资源包中的学习材料进行自主学习与创作。为挑战阅读选编的学习材料、设计的学习任务，已不是一般意义上的材料与内容，多是针对特定的研究点，辑录专家学者在这些研究点上进行的多维研究。这些资源只是让学生知道，针对这一问题还杂存其他不同的声音，需要在甄选中思考。

8. 通读学习目标，选定自己的学习目的地。

学习目标是学生学的目标，不是教师教的目标，是指在专题学习的慢推、慢导、慢学、慢思的过程中，个体对自选学习内容达成度的预设，强调的是个体想学什么，如何学，学到什么程度。依据《普通高中语文课程标准》(2017年版)设计的语文核心素养层级，丛书将每个专题的学习目标从语言目标、思维目标和价值目标三个角度进行设定。

**(1)语言目标**

语言目标中的学习内容及目标要求，是依据前期的实验数据设定的保底目标。每个专题所选学习材料均具有个性化的言语形式、独到的言语思维、特定的"情－思－意"品质等规律性的语言知识。只有在这个专题能遇到这些规律，这需要依据个体的大脑认知图式尽可能多地积累、整合、存储、内化这些代表作品生命力的动态语言素材。学生可以在保底目标的基础上，依据学习力增减数量与难度，为自己设定一个适合的语言学习目标。

**（2）思维目标**

思维目标重在依据个体的思维偏好，教给学生基本的思维策略，培养思维能力，优化思维品质，提升思维水平，重点开发学生"分析、评价、创造"等高阶言语思维能力。专题学习语境中的思维能力专指言语思维，是作家在特定作品中呈现出来的个体思维方式，这种思维方式与作家个性化的言语风格、言语特色密切相连，它借助独特的言语单元——词义，在每个作家的言语与思维之间建立起了固定的匹配关系，它使读者一看到言语方式就大体能确定是谁的作品，这是在专题学习中重点学习的内容。学生在积累个性化言语表达思维的共性与规律性知识中形成自己独到的思维风格，并有意识、有针对性地加以培养。

**（3）价值目标**

价值目标是对语文核心素养中"审美鉴赏与创造""文化传承与理解"的整合表述。每个专题的价值目标，均是依据具体的专题内容，针对个体学生成长中所需要的关键的、少数的、必要的因素进行的概括与提取，是"你之所以成为你"具体的差异化价值。学生一般都能从每个专题中找到与自己的生命密码相匹配的文化基因，种下一颗烙着自己生命印迹的"审美鉴赏与创造""文化传承与理解"的种子。这颗种子蕴藉着一股引爆精神力量的"炸点"，这个"炸点"就是学习此专题的价值目标。

## （三）专题实施

这个板块是专题学习的核心。为了更精准地描述专题学习对当下语文学习的翻转，体现出与传统语文学习不同，丛书引入了一些概念。这些概念是整个专题学习研究团队和丛书编著团队几经研讨、争论而确定的。

### 1. 课段

与大家熟知的课时不同，"课段"是指在专题学习持续进行中，完成一个相对独立的知识点或能力点、态度点所必需的时间段。一个课段需要多少课时是不固定的，一般是依据学习任务的难易、学生的基本学力进行弹性计划与调整。课段可长可短，长的可长到数十天，短的可短到数十分钟。无论是数十天，还是数十分钟，只要完成了一个相对独立、完整的"点"就是一个课段。

### 2. 学习任务

专题学习中的"学习任务"或学习活动均安排在课文之前，学生选择完成。课文与任务匹配是相对固定的，任务仅仅是各类学习材料的黏合剂，在各课段之间建立起读—思—写的逻辑联系，使前一个课段产生的学习成果自然转成下一个课段的学习资源。

### 3. 师生共学

"师生共学"主张师生是一个学习共同体。在这个共同体中，教师与学生一起探讨、学习一种能解决相关问题的策略，师生一起面对新的学习情境、问题语境，针对同一问题/任务，相互辩难、相互支持、相互鼓励，共同营造出一个适于师生共同提升的学习时空，共商问题解决、任务完成的渠道与途径。在如此的教学现场，教师不再是知识的代言人和宣讲者，而是学习过程中的观察者、协助者、陪伴者、喝彩者和分享者。

### 4. 师者助读

"师者助读"一般是针对那些难度较大，但又不能更换，依靠学生原有阅读能力难以读通、读懂的课文而设计的阅读指导，提供的阅读策略，点出的阅读重点。它是根据课文的难易度匹配学力水平而设计的，是一个极其灵活的小栏目。

### 5. 同伴分享

"同伴分享"的材料均出自学生之手，是为专题中的"学习任务""问题探讨""质疑思考""讨论分享"等示例的作答内容、方向和方式。这些编选在"同伴分享"栏目中的作品并非都是优秀学生的作品，有许多是在班级中经常不被关注的孩子的作品。可以说，专题学习给了那些被忽略的学生一个发掘潜能、展现自我、脱颖而出的机会。这些被分享的作品有一个共同点，即它们都是学生在阅读中形成的独特思考，有些甚至能够在质疑"权威"的同时给出有理有据的逻辑分析。

### 6. 小贴士

"小贴士"是针对专题学习过程中可能遇到的问题、需要的策略、学过的知识、生活的常识而设计的，在此仅起提醒的功能，供需要者自行选用。依据我们的实践经验，这些问题、策略、知识、常识并非是所有学生都需要的，只是一部分甚至几个学生需要。这些小贴士可帮助需要者进行不间断的持续的学习。

## (四)专题评价

专题学习在重视成绩、强调进步、关注发展的同时，更看重学生在自我检讨、自我反思的过程中完成规定及自选学习任务时的自我管理，看重学生在获得新知、增进学力、发展心智、增益精神中的生命成长。由于完成一个专题的时间跨度多在 15～25 天内，对于心智尚未成熟的学生而言，遗忘是很正常的。专题评价为帮助学生克服前学后忘的弊病，设计了专题回顾、师生反思两个栏目。

### 1. 专题回顾

"专题回顾"环节依据学校周边及所在地域的社会资源，结合专题学习内容设计了综合性学习活动，意在敦促学生通过完成 1～2 个感官联动的真实、综合的学习任务，回顾、梳理在"这个"专题中学到的新知识、新技能、新思维、新习惯，并将其转化为后续学习的认知策略。与专题实施中各课段的学习任务相比较，专题回顾中学习任务的整合性与综合性更强。它重视真实生活中已有问题的再现设计，寄望学生能运用真知识、真技能、真策略参与真实问题的解决过程。

### 2. 师生反思

鉴于专题学习中"精彩的发言瞬间消失、课堂生成难以复现"的遗憾，教师会从教的角度，学生会从学的角度进行反思。反思的内容可以是指出问题、总结经验、分析得失、评点优劣、言说感悟。丛书中每个专题所附师生反思，除示例外，还有提醒和喻诫的作用。提醒即将做此专题的师生规避该"师生反思"中描述的教学缺憾，喻诫学习推进中可能遭遇的障碍与困难。

编写这套丛书的初衷缘自心疼学生，想让学生在这套丛书中学得有效、有趣、有料、有种、有聊、有品、有质，今天这个凤愿终于实现了。丛书从四个方面呈现了编著者的思考：一是示例。专题学习的理论概括与实践探索已被写进了《普通高中语文课程标准》(2017年版)，这套丛书以案例的形式呈现了课程标准中的诸多概念是如何在教学实践中得以落实的，丛书涉及的每一个专题都是课程标准中一个学习任务群的代表性案例。二是引路。此次《普通高中语文课程标准》(2017年版)颠覆性地重构了"学习任务群"，将专题学习作为主要的学习路径加以提倡与力推，这套丛书就是将学校、师生、家长从"此岸"摆渡到"彼岸"的渡船。三是探路。专题学习作为当前语文教学困厄的突围之举，虽然得到了业界人士的普遍认可与赞同，但就我国语文教学的现状及师资素质而言，距离在全国进行大规模推广还有一段很长的路要走。据此，丛书确定了师生互教共读、教学相长的推广理念。四是试水。专题学习的另一个追求是为教师与学生的发展提供个性化的成长环境，协助他们发展成更好、更棒的自己。为了达到上述四个目的，也为了使日后践行专题学习的老师们能按图索骥，不再摸着石头过河，我们在总结团队每一位教师教学实践的基础上，研制出这套设计与实施专题学习的基本框架。

专题学习是一趟让你既能学得有趣，又能发展独立思考，还能获得好成绩的学习旅行；是一场想学、能学、耐学，按个体时速、尽自己所能不断向前奔跑的语文马拉松，每一个有坚持、有耐心、不放弃的学生，都能在奔跑中抵达自己的终点。在这场马拉松赛中，教师最要做的就是陪伴在那些能力较弱、成绩较低、步速较慢的学生左右，协助他们在漫长、孤寂的奔跑中抵达终点，享受阅读、质疑、思考、创作带来的喜悦，体验"会当凌绝顶，一览众山小"的感动和振奋！

# CONTENTS 目录

# 1

## 专题方向

做一个思考者

# 做一个思考者

当我们谈起青春的时候，你会想到什么？也许有对生理变化的敏感好奇，有对规则的叛逆反抗，有对爱情的执着与幻灭，还有对人生的迷茫与无奈……能否让智者的声音穿透青春韶光，在与"成长小说"的约会中进行一场丰腴自我精神的对话：为什么每一个人的青春不一样？什么样的青春才是生命的本真？我该如何走出青春的迷惘，拥有青春的无悔……能够透过现象发现问题、分析问题，更能从一定的角度做出理性判断及选择，从而得出经得住考验的结论——这就是思考。

思考者需要具备哪些知识和技能呢？

阅读是为了帮我们更好地思考，而思考又能帮我们更好地阅读，最终在边读边想的过程中逐渐接近事物的本真，因此，阅读和思考是一种良性循环的关系。孔子云："学而不思则罔，思而不学则殆。"一边阅读一边思考，才是一种正确的学习姿态。

作为一名思考者，如何建立阅读和思考的良性循环呢？

第一，把握内容。

把握内容即把握文本的主要内容、结构思路，把握作者的情感态度。阅读时可以根据需要选择合适的阅读方法。当进行信息检索，或追求对作品的整体理解时，你可以进行快速浏览，甚至进行跳读；当阅读重要章节，或精彩的段落时，你可能需要进行精读；当然你还可以通过文本分析——"新批评"文本细读法、叙述分析法、符号分析法、精神分析法等，从不同层面对文本进行探究阅读。

第二，提出问题。

提出问题，便是思考的开始。遇到任何事情，都要考虑两个问题："为什么？""怎么办？"前者追究原因，后者提供对策。只有搞清原因，才能想出办法。办法通常是多样的，必须从中选出一个最好的来。

第三，形成观点。

通过上一步之后，我们已经找到了自己与作者观点的罅隙——提出问题，那么你的观点是什么呢？如何拓宽思维、精进思考，让自己的观点成为一个颇具说服力的结论呢？我们可以用参读法和比较阅读法深入解读作品。

第四，输出见解。

把自己的见解输出，是最重要也是最有效的一步。输出的方法有很多，并且贯穿整个阅读的始终。例如写读书笔记，不仅仅是简单的摘抄，而是能认真地想一想：这些句子（段落、篇章）好在哪里？作者的观点是什么？你赞同吗？如此，读书笔记就成了有思想沉淀的文字。例如画思维导图、写评论文章，甚至在书上直接批注，或者与别人直接进行口头交流（如辩论），都是有效的输出方式。

第五，信息素养。

在信息爆炸的今天，不管是主动，还是被动，每天我们都会接收到许多的信息。作为一名思考者，应该具备信息素养，它包括下列能力：

信息检索能力：运用信息检索工具，如工具书（词典等）、文献资料、网络搜索工具（百度、谷歌等），获取信息的能力。

信息处理能力：对所获得的信息分类筛选，进行批判性思考，主动鉴别，去伪存真，有区别地对待信息的能力。

信息运用能力：对经过分析处理后的信息加以运用，用于支撑观点或解决问题的能力。

# 2 专题准备

# 一、选题缘由

## (一)基于高中生个体成长的特点

高一的学生正处于成长的特殊时期,其心理处于半幼稚、半成熟的状态,具有明显的独特性和过渡性。加之学习环境的改变、课业负担的加重、竞争意识的加强、独立意识的觉醒,难免会出现各种心理问题,例如对父母的抵触,对未来的迷茫,对现实社会的反叛,渴望活得精彩可又无力超越平庸,渴望别人理解又把自己紧紧封闭……青春的躁动与不安让很多人陷入了一个混沌的怪圈,痛苦且无力超脱。

给予孩子成长的力量是教育的终极目的,选择"成长小说"作为高一年级专题学习的内容,是因为"成长小说"能满足孩子们心理成长的需求,它会让孩子们在另外一个相似的世界中遇到一个相似的自己,在与同样孤独的文学主人公的对话中,少年的质问与怀疑会得到应有的承认和发泄,脆弱的心灵因文学力量的激发而慢慢变得强大;此外,"成长小说"更能促进孩子们精神世界的发育,让孩子们在经历青春、感受青春的同时,张开第三只眼睛,观察、触摸、了解他人的青春,尤其是现当代文学史上那些具有标志性意义的青春,也藉此重新审视自己的青春,甚至青春之于时代、人生、人性的关系,认识青春的真谛、人生的意义。

## (二)基于高中生对"成长小说"的阅读现状

我们曾经做过一个"高中生成长作品阅读现状的调查"。参加调查的高一年级 156 名学生,60%的学生喜欢读成长小说,40.4%的同学喜欢韩寒、郭敬明、饶雪漫等新生代作家的作品,45%的学生喜欢网络小说,仅有两成的学生喜欢村上春树、塞林格、卡勒德·胡赛尼。我们不否认有些"快餐文学"在语言层面上富有艺术性,个性十足,同时其细腻、逼真的心理、情感变化,也有十分可取之处,但由于某些客观方面的复杂因素,加之作者受年龄、阅历、文化积淀等方面的制约,很多作品只停留在自言自语的梦呓中,只对青春作反复咀嚼、个人把玩。高中生阅读此类作品，往往对号入座，深陷其中，虽然宣泄了自我、表现了自我，得到了精神上的理解，却没有得到更深层次的思考，得到的更多是一种短暂的、不切实际的宣泄。

钱理群先生说："要读名作（经典），就是因为每一个民族、每一个时代的精神的精华都凝聚于其中，人类最美好的创造都汇集于其中。人类精神文明的成果，就是通过各类学科（不只是文学，还有社会科学、自然科学）的名作（经典）的阅读而代代相传的。在这个意义上，受教育的基本途径就是'读名作（经典）'"①。由此可知，只有经过时代与时间历练过的经典文学才具有普世的价值，才能陶冶性情、砥砺品格，从而完成阅读对学生语文能力和精神世界的引领。

综上分析，教学中需引导孩子们顺利走过青春的各种孤独、恐惧，以及面对未知世界的不知所措，引导孩子们勇敢地搏击人生的风浪，引导孩子们在经历青春的时候又能深刻地思考青春、准确地表达青春，从而走出青春的迷宫，书写人生的丰盈。

# 二、学习资源

## 原作阅读

［美］J. D. 塞林格：《麦田里的守望者》

余华：《在细雨中呼喊》

史铁生：《给小水的三封信》

## 背景阅读

### 基础阅读

周怀宗：《塞林格后，谁为我们守望麦田》

余华：《我为何写作》

---

① 钱理群. 我们为什么要读经典. 基础教育，2006，（12）：36.

苏豆芽：《坚硬世界里，给自己最温柔的保护》

拓展阅读

小艾：《那片麦田，那中国式的守望》

余华：《〈在细雨中呼喊〉自序》

挑战阅读

［美］魏一帆：《塞林格自觉自愿地选择了离开》

余华：《我能否相信自己》

## 鉴赏阅读

基础阅读

刘瑜：《请别让我消失》

李敏：《解密〈麦田里的守望者〉主人公霍尔顿的文化意义》

陈晓明：《论〈在细雨中呼喊〉（节选）》

拓展阅读

洪增流、王静：《〈麦田里的守望者〉的悲剧性解读》

彭明伟：《自我凌迟的艺术：略论余华〈在细雨中呼喊〉》

挑战阅读

［日］三岛由纪夫：《青春的倦怠》

## 学生作品

陈蒙悦：《世界眼中的霍尔顿》

廖静云：《琴——一通未完成的电》

张依宁：《孤独也有伴同行》

王佳森：《生命之树荫蔽下的青春》

王蕾：《〈在细雨中呼喊〉中的孩子形象》

## 电影欣赏

《谁的青春不迷茫》《阳光灿烂的日子》《死亡诗社》《放牛班的春天》《爱·回家》《牯岭街少年杀人事件》《伊豆的舞女》《追风筝的人》

# 三、学习目标

## (一)语言目标

1. 阅读中国和西方"成长小说",比较分析主人公的不同性格特点,以及与之相关的家庭环境和时代背景的差异。

2. 能对所阅读的材料(包括图表)进行内容概述,把握文本所表达的思想、观点和感情。

3. 能根据语境,理解结构复杂、含义丰富的语句,体味精彩语句的表现力。

4. 能用严密、有条理的语言表达自己的思想,做到观点清晰、材料充分、表述严谨,在学习过程中,撰写的课外练笔不少于 2 万字;专题结束时,能独立完成不少于 1500 字的研究性小论文。

## (二)思维目标

1. 阅读专家、学者的评论,比较辨析感悟思维和思辨思维的异同。

2. 善于发现问题、提出问题,能对文本做出自己的分析判断,能从不同的角度和层面进行质疑、阐发、评价。

3. 能围绕问题进行探究学习:通过比较、判断、分析、归纳等思维过程得出自己的结论。

## (三)价值目标

1. 正确看待青春的孤独,面对纷繁芜杂的外界信息,不简单盲从,也不随意忽视,谨慎对待、冷静分析,坚持独立思考,用自己强大的内心,去积极地对抗人生的风雨。

2. 正确认识青春与时代、人生的关系,树立远大目标,珍惜青春年华,努力用辛勤的汗水去浇灌理想之花。

# 3 专题实施

**导读：当我们谈起青春**

作家蒋勋在论及青春的时候说：青春是孤独的，但青春的孤独却是人生的财富！你理解这句话吗？从这里开始，老师将与你一起走进《说尽青春与孤独——成长小说专题》的学习，一起通过阅读来感受青春的孤独，寻觅突围的力量；思考青春与人生、时代、社会的关联，认识到青春的真谛、人生的意义。本课段要通过相关作品的阅读来思考本专题学习的大致内容、精神内核及基本定位。

首先，阅读《高中生心理健康问题问卷调查表》，并按要求回答问题；

其次，阅读《自杀的18岁史学奇才林××是谁》、史铁生的《给小水的三封信》，思考学习青春专题的意义；

再次，要通过观看电影来了解青春百态；

最后，了解青春专题学习过程要思考的三大问题和主要的学习任务。

建议使用1课时。

# 一、一份调查看青春

**学习任务**

1. 阅读一份问卷调查结果（如表1），了解调查内容。

2. 写出调查结论，并给出解决措施。（要求：结论和措施均不超过50字）

据《上海大众卫生报》披露：上海市卫生中心与世界卫生组织在该市5000多名学生中做了一次精神卫生调查，发现心理健康存在障碍（问题）的学生高达38％。再结合其他地方的调查与研究，我们将高中生心理健康所存在的问题大致分为以下几种情况：

## 表1 高中生各方面存在的心理问题调查

| 心理问题类型 | 问题表现 | 百分率（%） |
|---|---|---|
| 高中生在学习方面存在的心理问题 | 有困难 | 29.1 |
| | 拖作业 | 28 |
| | 少自信 | 31 |
| | 心烦 | 26.3 |
| | 无兴趣 | 43 |
| 高中生在人际交往方面存在的心理问题 | 不参加集体活动 | 23.5 |
| | 不守纪律、以自我为中心 | 15.1 |
| | 同学关系不融洽 | 35.2 |
| | 与师长有冲突 | 16 |
| | 被误解或重伤后耿耿于怀 | 12.5 |
| 高中生在性格、情绪方面存在的心理问题 | 遇到小事担忧 | 30.5 |
| | 自我独处或封闭 | 34 |
| | 很多现象都看不惯 | 52.4 |
| | 忧郁易怒 | 23.1 |
| | 胆怯自卑 | 41.5 |

### 如何推断总结图表信息

小贴士

一是审题抓关键词句和限制条件。常见的关键词句："用一句话概括""从中可以看出（得出）"等；限制条件多是句式和字数的限制。

二是读图抓关键要素。不同类型的图表要关注不同的内容，例如坐标曲线图要兼顾图表的各个要素；柱状图、饼式图、问卷调查表要抓住各要素的比例分配及其变化情况；生产流程图、构思框架图要抓事理的逻辑顺序。此外，表头和表脚的文字、说明的对象和比较的角度也要关注。

三是表述抓准确严谨，也就是用词准确。例如"增加了……倍""减少了（百分数、分数）""近一半（50%）""所有""约几成"等。

同伴分享

同学从横向和纵向两个方面对上表内容进行对比，得出结论，并从主观和客观两个层面给出解决的措施。要能抓住图表关键要素——数据的变化，以及题目中的关键句"高中生心理健康问题"进行推断，思维多元，表述准确且严谨。

调查结论：有近一半的高中生存在心理障碍；与学习和人际交往相比，性格情绪方面的问题尤为严重。

措施：青少年应多参加集体活动，增强对自我的认识；家庭、学校、社会应给予多方面的关爱和指引。

# 二、为什么要提起青春

## （一）青春梦魇

> **学习任务**

阅读《自杀的 18 岁史学奇才林××是谁》，思考：你如何看待林××的自杀行为？

### 自杀的 18 岁史学奇才林××是谁①

赫海娜

刚满 18 岁的林××，一边备战高考，一边出版了两本共 70 万字左右的史学著作。本来前途光明，为何突然毫无征兆地自杀？

#### 曾身患抑郁症

据媒体报道，校方从林××的班主任以及家人处获悉，林××是 2016 年 2 月 23 日晚上在家里跳楼自尽的。

校方目前掌握的信息是，林××患抑郁症有一段时间了，一直是靠吃药控制。2 月 23 日晚 8 时，他吃过药后在家完成作业；夜里 11 时左右给一位平常接触较多的老师发了封邮件；24 日该老师试图联系他时，从林××家人处得到林××跳楼身亡的消息。

---

① 本文选自新浪网"新闻极客"第 734 期。有改动。

据《新京报》报道，23 日晚上 6 点左右，林××还在一个宋史研究微信群中发言，并未看出有异样。

刚满 18 岁的他，一边备战高考，一边出版了两本共 70 万字左右的史学著作。本来前途光明，为何突然毫无征兆地自杀？

在林××离世消息曝光后，网络及微信圈中流传着疑似他的一份遗书，遗书中他提到"未来对我太没有吸引力了"。

林××生前所用的微信昵称叫"吸濡之鱼在江湖"，微信里的朋友圈内容基本都与历史有关。但他生前所发的两条微信信息仿佛暗示了他曾因抑郁症副作用和对自身价值的困惑倍感煎熬。2015 年 12 月 4 日，林××的一条微信信息显示的内容是：说明书上写药的副作用是增重，结果我吃了后的副作用是每天全身又疼又困……2016 年 1 月 26 日晚他发的一条微信：越发不明白自己这么拼是为什么，如果说是为自己，那只能说是为拼而拼。

### "史学天才"成长之路

林××出书后曾撰文披露他从对历史感兴趣到走上史学研究之路的心路历程。

在这篇文章中他提到，自己 1998 年出生于西安的一个知识分子家庭，母亲是一名小学教师，父亲在一所法律院校工作，外公外婆都是中学的理科教师，外曾祖父教过中学的语文，称自己"勉强算得上是书香门第"。

他自述与历史结缘始于小学时期跟着家人看《百家讲坛》。他念小学那时候，正是社会上读史、讲史之风高涨的时候，母亲、姥姥、姥爷看《百家讲坛》，他也跟着看。他曾经有一两年的时间，每天早上六点钟起来看电视节目。小学就已经在读白话节选的《资治通鉴》《吕氏春秋》《三国志》等。他小学时期仔细阅读过的《辽金西夏史》，是第一本和他现在的学术兴趣相关的学术著作。

他说自己对民族史的兴趣完全来自于小时候的叛逆，"凭什么汉族政权打少数民族政权就是'开疆拓土'的'赫赫武功'，而少数民族政权打汉人政权就是'侵略'？"

小学毕业后，他开始在微博上关注唐宋史方向史学界的前辈，搜读他们的著作，也按图索骥阅读他们晒出的书，了解了诸如政治过程论、唐宋变革论、新清史、新文化史等史学方面的理论、话题，对韦伯、萨义德、王铭铭等人的一些社会科学和人类学的著作也有所涉猎。

念初中时，他还经常在微博上看史学前辈晒平时参加的会议，留心这些会议的议题和参会的嘉宾，甚至留心他们偶尔在网上闲聊的学林趣谈，连掌故和牢骚话他都能从中榨出有关学术和学界的信息。

文中他还提到父母、学校对自己的宽容和支持。"从小到大，只要在应试体制下的成绩不出太大问题，父母都支持我的兴趣，无论是购置很贵的大部头古籍，还是送我参与活动，他们都没有意见。我家住西安北郊，经常要跨大半个城市去陕师大长安校区查资料或者听报告，父母对此从来都不打绊子地配合。""学校对我也比较宽松，有时我跟老师讲自己赶稿紧张，偶尔请上半天假，班主任也就批了。"

但是即使是史学天才也曾质疑过自己，一度怀疑自己的选择。文理分科时，同学如果问他选哪科，他都跟人家讲选理科好，当同学反问他为什么选文科时，他的回答并不是说自己喜欢文科，而是说自己在这方面有了一点积累，不想从头再来。

后来他想明白了，不管是否喜爱史学，自己已经把史学当作一份熟悉的工作习惯下来了，而且当初与史学结缘本就不是为了猎奇，而是潜移默化自然而然的。

这番思想开悟的同时，他也开始撰写两本著作。

2014年6月，当时他16岁，《当道家统治中国》出版，他提出拒绝配合出版方和学校的任何宣传，并要求隐瞒年龄、不要炒作。

2015年12月16日，西安中学邀请了历史学界重量级的嘉宾，举行了林××新书《忧乐为天下：范仲淹与庆历新政》出版座谈会。后来他撰文写道因为第一次出书他不愿意炒作，他自觉对不起读客公司和西安中学，便没有推脱第二本书的出版座谈会。

《忧乐为天下：范仲淹与庆历新政》刚出版后的舆论反应，完全合乎他高一出《当道家统治中国》时的担忧，从初中起就熟悉网络舆情的他觉得现在社会上很多人不太欢迎别人年少成名，"大家会顺理应当地认为其中有作假，或者想当然地料定别人会'伤仲永'。"

虽然《忧乐为天下：范仲淹与庆历新政》的出版曾引起争议，但很多著名史学家都给予他和他的书很高的评价。

著名历史学家、宋史大家李裕民教授盛赞他为"解放后如此年龄著书写宋史的第一人""他的水平，一般的博士也达不到，带博士也带不到他现在这个水准。"

贾连港感叹，这本书文笔老道，很难看出是一个高中生写的，林××有很好的批判精神。

曹伟则兴奋地说，大学老师最喜欢会玩的大学生，而林××就是一个玩的高手，上大学最怕没有爱好，中学生应根据自己的爱好决定自我发展。

"有这样的学生很有压力"，林××的历史老师刘文芳面对媒体采访时坦言，林××是自己遇到的最具历史天赋的学生，每次上课特别是讲到宋史时自己都会拿眼睛瞄下林××，看他是什么反应。

## （二）直面青春的烦恼

**学习任务**

本文是作家史铁生写给外甥小水的三封信，信中他与小水交流了青年人该"如何处理理想与现实的冲突""如何既保持谦卑又克服胆怯""人生最重要的几件事情"三个问题。猜猜史铁生对外甥说了些什么，然后认真阅读，仔细比对：哪些是你想到的，哪些是你没有想到？对于没有想到的，你是如何理解的呢？

## 给小水的三封信①

### 史铁生

#### 孤 独

孤独不好，孤独意味着自我封闭和满足。孤独感却非坏事，它意味着希望敞开与沟通，是向往他者的动能。以我的经验看，想象力更强、艺术感觉更敏锐的人，青春期的孤独感尤其会强烈；原因是他对未来有着更丰富的描绘与期待。

记得我在中学期间，孤独感也很强烈，但自己不知其名，社会与家人也多漠视，便只有忍耐。其实连忍耐也无意识，但确乎是有些惶然的心情无以诉说。但随着年龄增长，不知自何日始，却已不再恐慌。很可能是因为，渐渐了解了社会的本来面目，并有了应对经验——但这是次要的，根本是在于逐渐建立起了信念——无论是对自己所做之事，还是对生活本身。

--------

① 本文选自《收获》2012 年第 1 期。有删节。

那时我还不像你，对学习有着足够的兴趣，只是被动地完成着功课。所以，课余常就不知该干什么。有时去去阅览室，胡乱翻翻而已。美术老师倒挺看重我，去了几回美术组，还得到夸奖，却不知为什么后来也就不去。见别人兴致勃勃地去了田径队、军乐队、话剧队……心中颇有向往，但也不主动参加。申请参加，似乎是件不大好意思的事，但也不愿承认是不好意思，可到底是因为什么也不深问。然而心里的烦恼还在，于是，更多时候便只在清华园里转转。若有几个同学一块儿转还好，只是自己时，便觉心中、周围乃至阴云下或阳光里都是空空落落，于是很想回家。可真要回到家，又觉无聊，家人也不懂你，反为家人的无辜又添歉意。其实自己也不弄懂自己，虽终日似有所盼，但具体是什么也不清楚。

现在才懂，那就叫"成长的烦恼"。身体在长大，情感在长大，想象与思考的能力都在长大，但还没能大到——比如说像弈棋高手那样——一眼看出许多步去，所以就会觉得眼前迷茫，心中躁动。就好比一个问题出现了，却还不能解答；就好像种子发芽了，但还不知能长成什么树；或就像刚刚走出家门，不知外界的条条道路都是通向哪儿，以及跟陌生的人群怎样相处；烦恼就是必然。如果只是棵树，也就容易，随遇而安呗。如果压根是块石头，大约也就无从烦恼，宇宙原本就是无边的寂寞。但是人，尤其还是个注重精神、富于想象的人，这世间便有了烦恼。人即烦恼——人出现了，才谈得上烦恼。

想象力越是丰富、理想越是远大的人，烦恼必定越要深重。这便证明了理想与现实的冲突。现实注定是残缺的，理想注定是趋向完美。现实是常数，理想是变数。因而，没有冲突只能意味着没有理想，冲突越小意味着理想越低、越弱，冲突越强，说明理想越趋丰富、完美。善思考，多想象，是你的强项；问题是要摆清楚务虚与务实的位置，尤其要分清楚什么是你想做也能做的，什么是你想做却没有条件做的，什么是你不想做但必须得做的。只要处理得当，这——现实与理想的——冲突超强，创造力就超强。

所以，我看你从事艺术或思想方面的工作也许更合适。但不急，自始至终都是一条笔直而无废步的路是没有的。路是趟出来的，得敢于去趟。但话说回来，对每一步都认真、努力的人来说，是没有废步的，一时看不出作用，积累起来则指不定什么时候就有用，甚至有大用。况且，一切学习与思考的目的，并不都是为了可用，更是为了心灵的自我完善。

　　我能给你的建议只是：直面烦恼，认清孤独，而不是躲避它、拖延它。内心丰富的人，一生都要与之打交道；而对之过多的恐惧，只是青春期的特有现象。就像你，考试之前紧张，一进考场反倒镇静下来了。就像亚当、夏娃，刚出伊甸园，恐惧尤甚，一旦上路则别有洞天。要紧的是果敢地迈出第一步，对与错先都不管，自古就没有把一切都设计好再开步的事。

　　记得有位大学问家说过这样的意思：别想把一切都弄清楚，再去走路；比如路上有很多障碍，将其清理到你能走过去就好，无需全部清除干净。鲁莽者要学会思考，善思者要克服的是犹豫。目的可求完美，举步之际则勿需周全。就像潘多拉盒子，每一答案都包含更多疑问；走路也如是，一步之后方见更多条路。更多条路，又只能选其一条，又是不可能先把每条都探清后再决定走哪一条。永远都是这样，所以过程重于目的。当然，目的不可没有，但真正的目的在于人自身的完善。而完善，惟可于过程中求得。譬如《命若琴弦》。

舅舅
2007-10-18

## 恐　惧

　　孤独源于恐惧，还是恐惧源于孤独？从现实中看好像是互为因果，但从根上说，应该是恐惧源于孤独。就是说，人最初的处境是孤独，因为人都是以个体身份来到群体之中。你只能知道自己的愿望，却不知别人都在想什么，所以恐惧。恐惧，即因对他者的不知，比如一条从未走过的路，一座从未上过的山，一个或一群不相识的人。这恐惧的必然在于，无论是谁，都必然是以自己而面对他人，以知而面对不知，以有限而面对无限。可以断定，无此恐惧的倒是傻瓜。反过来说，这样的恐惧越深，说明想象越是丰富，关切越趋全面。比如说，把路想象得越是坎坷就越是害怕，把山想象得越是险峻就越会胆怯，把别人想象得越是优秀就越是不敢去接近。惯于这样想象的人，是天生谦卑的人。

　　谦卑，其实是一种美德。有位大哲说过：信仰的天赋是谦卑。谦卑而又善思的人，一定会想到"压根"和"终于"这两个词——我们压根是从哪儿来，我们终于能到哪儿去？换句话说：人生原本是为了什么？人又最终能够得到什么？——只有谦卑的人才可能这样问，自以为是的人只重眼前，通常是想不起这类问题的。甚至可以说，谦卑是一切美德的根本。惟有谦卑，可让人清醒地看待这个世界；惟有谦卑可通向信仰；惟有谦卑能够让人懂得，为什么尼采说爱命运者才是伟大的人。（关于"爱命运"的问题，以后再慢慢说。）

人最初的愿望一定是"要好好活"，而最终所能实现的，一定是由自己所确认的"有意义"。为什么？因为，以人之有限的智能，是不可能把世间一切都安排得尽善尽美的，而只可能向着尽善尽美的方向走。所以，只要是在走向你认为的"有意义"，就是"好好活"了，就是活好了；反过来说，为了活好，就要做自己确认是"有意义"的事。此外，还能怎样好好活呢？

事实上，没有谁不想好好活，然而，却非人人都能为自己树立一种意义，确信它，并不屈不挠地走向它。原因是，人常把外在的成功——比如名利——视为"有意义"。可是，首先，面对无限的外在，走到哪一步才算是成功了呢？其次，外在的成功，也可以靠不良手段去获取，但这还能算是"好好活"吗？

其实，从根本上说，什么是好，什么是善、是美，乃是一个自明的真理，不用教，谁心里都清楚。否则也就不能教，不能讨论，因为，倘无一个共同的坐标系——即善与恶、好与坏、美与丑的基本标准，人与人之间是根本没法儿说话的。有人以此来证明神的存在。

所以，只有内在的成功，才真正是"有意义"。何为内在的成功？我想，只要人确信自己是在努力地"好好活"，不断地完善自己，就是内在的成功。至于外在的成就有多大都无所谓，至于跟别人比是高还是低都可以忽略。你发现没有，一跟别人比，你就跑到外在去了？一到外在，恐惧就来了，意义就值得怀疑了，脚下就乱了，不知道怎样才算是"好好活"了。

《士兵突击》中那个班长，让许三多做一个单杠动作，许三多总是数着数儿做，三十个已觉不易，便掉下杠来。班长说你数个屁数儿呀，只想着做动作！结果他做了三百三十三个。所以，你只有靠内在成功来确保意义，你只有在自己确认的意义中才能获取成功。

但是，谦卑的敌人是胆怯。不过呢，谦卑与胆怯常又是双胞胎。如何能够既保持住谦卑，又克服掉胆怯呢？真是挺难。但只要细想，你就会发现，谦卑又是内在的。从不跟别人比，而胆怯必定是因为又跑到外在去了——惧怕他者。爬山怕山高，走路恨路长，而面对他人则害怕被看不起——岂不是又跑到外在去了？所以，千万要保持住自我——这并非是说称王称霸或轻视他人，而是说，一切事，都以完善自我为目的。帮助他人也是为了完善自己，向别人讨教也是为了完善自己，爬山、行路、做题、交友，一切事都是为了完善自己，即便是遭人嘲笑，也一样能够从中完善自己。一旦太要面子，就又跑到外在去了——是以别人的目光在看自己。很多应该做的事，不想做，不敢做，这时只要想想我是为了完善自己，事情就好办多了。完善自己，当然不是为了满足虚荣，而是就像老财迷敛钱那样，一点一滴地壮大自己心灵、品德——如此，何怕之有？

其实，你的一切问题，都在于胆怯。其实我也是，一上讲台，看台下黑压压的全是人，脑袋里立刻一片空白。细究其因，还是因为跑到外在去了，生怕讲不好，落个名不符实的名声。有几次坐在台上，我忽然想到了这一点，心说去他妈的，只要讲的是我真心所想就行，于是立刻回归内在，便也滔滔不绝起来。交友也是一样，一怕，准就是想到了别人的目光和评价。我知道这事改起来难。本性总是比理性强大。但这不说明不应该去试试。

为什么要试呢？为了自我完善：看看我能不能放下虚荣，不怕嘲笑（也未必就会遭到嘲笑），看看我的胆量，看看在我通常的弱项上能否有所改善。是呀，完全不怕几乎是不可能的；但是，怕着，也要去试试，视之为历练自己的一个步骤、完善自己的一步行动——我的经验，只要一这样想，就不那么害怕了，就什么都是可能的了。事后，果然有人嘲笑你的话，是自己错了自己长见识（又完善一步），是别人错了却还嘲笑你——你慢慢体会吧，这其实并不太难过。

舅舅

2007-11-08

### 最有用的事

以我的经验看，不管对什么人来说，也无论在什么局面下，有三件事是最重要的。第一是分析处境，做到"知己知彼"。所谓知己，即清楚自己想干什么，能干什么；知彼呢，就是要弄清楚外部条件允许你干什么，和要求你必须干什么。前者是估计了你的能力，而后设定的理想或愿望。后者则包括：你想干，或者也能干，但阻碍巨大到希望非常渺茫的事；以及你不想干，但必须干的事。也可以说，前者是目标，后者是为达到目标而铺路。

想干什么，直接就能干什么，世界上几乎没有这样的事；除非是在极偶然的情况下，运气又是出奇地好。好运气来了，当然要抓住它，但任何时候都不要指望它。任何时候都要立足于自己的清醒、决断和行动。

这就说到了第二件最重要的事：决断。即在"知己知彼"之后，要为自己做出决定。决定的要点在于，一旦确认方向，就不要再犹豫。正所谓"用人不疑，疑人不用"，决定也是这样，做决定时要谨慎、周全，一旦决定就不再怀疑，做到心无旁骛，切勿浅尝辄止。人们常说：成功就在"再坚持一下"之中。

第三件事叫做：开始。前两件事完成之后，就要立刻开始，万万不可拖延。拖延的最大坏处还不是耽误，而是会使自己变得犹豫，甚至丧失信心。不管什么事，决定了，就立刻去做，这本身就能使人生气勃勃，保持一种主动和快乐的心情。总而言之是三件事，或三个步骤：知己知彼－做出决定－立即行动。这三件事或三个步骤，不单对一时一事是最有用的，在人的一生中都是最有用的。

舅舅
2007-11-22

**师者助读**

为什么要学习青春这个专题？请结合阅读材料，用 300 字以内的文字直观地写下你对这个问题的思考，想到什么就写什么。


# 三、青春影片欣赏

**学习任务**

1. 我们为什么看电影？思考看电影的意义。

2. 利用课余时间欣赏推荐的电影至少两部，并撰写观后感和推荐语。

## (一) 我们为什么看电影

看别人的故事，过自己的生活。电影让我们以最廉价的方式体会最精彩的人生。在电影里我们可以看到那些让我们魂牵梦绕、心神向往的风景，我们可以窥探别人的生活，我们可以接触那些我们一辈子都无法接触到的事物。

电影会让我们学会思考，让我们勇于追求理想，涵养向往自由的信念，无畏于一切挫折和艰辛，我们可以借助电影传达的价值观成为一个更优秀的人。

## (二) 影片推荐

下面几部电影会让你与不同时代，甚至是不同国籍的同龄人进行一场跨时空的"约会"，看别人的故事，过好自己的人生。请你从中至少选择两部来欣赏，并撰写观后感一篇、推荐语一条。

### 1.《谁的青春不迷茫》

《谁的青春不迷茫》改编自刘同同名小说，讲述了"好学生"林天娇和"学渣"高翔从偏见到和解，再到互有好感，反映青春期学生成长烦恼的故事。

该片故事里的高中生活有考试压力也有青春萌动，有生活负担也有为梦想的奋斗，有欢笑也有泪水，真实而不"狗血"。主角林天娇和高翔与大多数少男少女一样，感情止于校园时期的朦胧与懵懂，并没有"狗血"的情节和过分亲昵的举动。故事主线也并不在于男学渣与女学霸的感情故事，而是表现两个出生背景和成长环境完全不同的年轻人在青春期对彼此的好感，以及各自对梦想的期许。该片导演并没有灌输高考才是唯一的出路，也没有鼓吹只要努力就一定可以成功，甚至还有对应试教育的反思。

### 2.《阳光灿烂的日子》

《阳光灿烂的日子》改编自王朔的《动物凶猛》，是导演姜文于1994年年初执导筒就出彩的不凡之作。无论是在原作中还是在影片里，颠覆规范都成为一种被渲染和夸大的快意。革命歌曲在这部电影中所占比重十分巨大，与郭文景创作的几个主题音乐交相辉映。影片再现了特殊年代中孩子们的成长故事。20世纪70年代初的北京，大人们忙着"闹革命"，学校不上课，孩子们没人管。这群生活在部队大院里的孩子，在耀眼的阳光与遍地的红旗中间，度过自己的青春。

影片虽然以"文革"为背景，但并没有直接描摹宏大的政治，而是聚焦青春，甚至可以说青春——荷尔蒙味十足，叛逆与懦弱交织，带有破坏性，又被过分抬高的青春——是唯一的主角。所以这部电影有一种穿越时光也从未失色的浓度——青春的浓度。

### 3.[美国]《死亡诗社》

这是一部励志电影，曾荣获第 62 届奥斯卡金像奖最佳原创剧本奖。影片讲述的是一个有思想抱负的老师和一群希望突破的学生之间的故事。尼尔(Neil)为争取自由和理想而自杀的一段是全片高潮。他是一个矛盾的综合体，也是教育制度下的牺牲品。他背负着父母的厚望，始终在抗争这个残酷的现实，他在基丁老师(Mr. Keeting)的鼓励下，为自己的梦想而努力奋斗，可惜的是，在听到父亲要他转学的决定后，他选择了自杀。尼尔的死给影片抹上了一层悲剧色彩，也为最后基丁老师的离校做出了铺垫。

整部电影充满张力诗意和激情。模式化教育是一个残酷的现实，影片讲述的不仅仅是这样的现实，更多的是反映出学生们对自主学习的向往。影片的结尾，导演将镜头从基丁的裤下穿过，映出了学生们骄傲地站在课桌上，这才是精神的胜利。

### 4.[法国]《放牛班的春天》

一位评论家为它写下了这样一段话："不同于一般的运用悲情拼命煽情的悲情电影，或极尽夸张搞怪的爆笑喜剧，《放牛班的春天》是一部让人因为喜悦而泪流满面的电影。"

电影采用了倒叙的创作手法，以皮埃尔的回忆展开这个平凡的故事，背景的定位是"二战"后法国的一家问题儿童学校，校长对待问题学校的这群孩子们，有的只是最简单残暴的高压，而处于叛逆期的孩子们，也更加叛逆地私下捉弄老师，正如电影中这所学校的名字"池塘之底"，这是一所如同死水般的学校，而那个经常在车站等待故去父亲的小男孩更让这潭死水越发地冰冷，落魄音乐家马修老师的到来则犹如一股清澈的活水，改变了这一切，他对孩子的理解、包容、善良，融化着这些"问题孩子"那颗或许已然被冰封的心。

### 5.[韩国]《爱·回家》

电影讲述的是城里孩子相宇和乡下外婆相处的故事。外婆年纪大了，不能说话也不识字。相宇从小生活在城里，一开始无法适应农村生活，火气全发在外婆身上，抱怨这抱怨那。老人默默地包容了外孙子的一切，最终相宇也明白了外婆的良苦用心。

年轻的孩子因为单纯而不掩饰，可能就会直白地表现出人性中自私的一面。也只有亲人，可以毫无芥蒂地包容。外婆一句话也没说，但又是那么诚实、充分地表达了对外孙子的爱，跨越年龄、贫富、城乡差距，直抵人心。这部电影就像一面镜子，我们能从中看到自己，也能看到长辈。自省和感恩，能让我们更加珍惜和长辈相处的时间。他们的爱最无私，也很短暂，只有早早懂得珍惜，才不会留下遗憾。

### 6.《牯岭街少年杀人事件》

这部电影是导演杨德昌的经典作品，长达 4 小时，可以分几次来看。电影改编自真实事件，讲述了国民党迁台后第一宗青少年杀人案的始末。小四是个典型的"乖仔"，是父母的希望和兄妹的骄傲。喜欢上小明后，小四便开始被外界的各种力量牵着鼻子走，最终跌入了一个无底深渊。

据说当时还只是个男孩的主角张震，演完这部电影后性格都变了，不再活泼，变沉默了。凡事都有两面性，青春并不全都美好，也包括残酷而沉重的一面。只有清醒地认识到这一点，才不会重蹈覆辙。就像有个农夫说的："要是知道我会死在哪里就好了，那样我永远也不会去那个地方。"

### 7.［日本］《伊豆的舞女》

影片根据日本著名作家、诺贝尔文学奖得主川端康成的同名小说改编而成。由山口百惠、三浦友和联袂主演。影片以第一人称的手法，讲述了"我"的一段经历。"我"因为人生孤寂，独自去伊豆旅行，途中遇上一伙江湖艺人，便与他们结伴而行。艺人们心地善良，性情纯朴，让"我"感到了人生的温暖。尤其是那个天真、烂漫、可爱的小舞女，她让"我"产生了无限美好的浪漫联想，萌发出一种朦胧的恋情。四天后当"我"和她们道别时，"我"先前郁结的情怀已得到了缓解……影片表现了少男少女之间初恋的那种朦胧、纯真的情感，把人们带入一个空灵美好的唯美世界。

### 8.［美国］《追风筝的人》

影片根据美国作家卡勒德·胡赛尼的同名小说改编而成。影片讲述了一个关于友谊、亲情、罪恶和救赎的故事：12 岁的阿富汗富家少爷阿米尔与仆人哈桑情同手足。然而，在一场风筝比赛后，发生了一件悲惨不堪的事，阿米尔为自己的懦弱感到自责和痛苦，逼走了哈桑，不久，自己也跟随父亲逃往美国。

成年后的阿米尔始终无法原谅自己当年对哈桑的背叛。为了赎罪，阿米尔再度踏上暌违二十多年的故乡，希望能为不幸的好友尽最后一点心力，却发现一个惊天谎言，儿时的噩梦再度重演，阿米尔该如何抉择？

故事如此残忍而又美丽，作者以温暖细腻的笔法勾勒人性的本质与救赎，令人荡气回肠。

## (三) 欣赏电影

1. 电影总是有很强的代入感的，你最喜欢影片中的哪个情节（或者细节），你有过相似的经历吗？观影后写下你的感受和思考，可以发至微博、微信、QQ 群组等，和你的同学、老师交流互动。

2. 选择一部影片，从"青春"的角度出发，动笔写一段影片推荐语，200字以内。

### 如何欣赏电影

小贴士

一、"看"与"欣赏"不同

"看"往往是为了"追故事"，满足一种视听的认知，追求一种"宣泄的快感"；而"欣赏"则是在接受影片的时候，超越故事的束缚，在读解中去思索、联想、分析，以至能获得一种"发现的快感"。"发现的快感"带有更多的精神因素，你是为能读懂艺术，为能与创作者在精神上沟通而感到极大的满足。

二、如何欣赏电影

1. 克服困难：站在创作者的角度去理解，乃至评价，具有思维的紧张度和探索的精神。

2. 积累知识：电影是通过视听语言来表现内容的，不是以台词为主。它综合了文学、美术、音乐、摄影等艺术门类。欣赏者只有通过不断的艺术积累，才能和创作者在相当的水平上进行交流。

3. 把握技巧：建议欣赏的时候重点关注主题、情节、人物、环境、结构、语言等概念，可以采用分析细节的方式，去挖掘、去评价。

### 同伴分享

下面是你的同龄人在欣赏影片之后写下的观后感。观后感主要表达了观者在欣赏完《死亡诗社》后，对 Neil 因为无法追逐梦想而结束生命这一行为的感慨，由此发出了要勇敢迎接命运的挑战这一信念。《观后感》由 Neil 自杀之前这一情景进行挖掘，剖析某些细节的隐喻意义，然后又联系自身，反思人生，这就是观影的价值所在了。

# Neil 给我的

## ——观《死亡诗社》有感

### 张依宁①

关于《死亡诗社》，全片最吸引我的不是 Todd，而是 Neil，这个高大英俊、门门都拿 A 的男孩子，然而他的人生却是以扣下扳机亲手了结自己无法追求梦想的生命结局。

我注意到 Neil 自杀时的场景：在与父亲争吵未果后，Neil 回到房间打开窗，脱掉上衣，将演出时的花环戴在头上，久久地立在寒风中。花环就像 Neil 的表演梦，他喜欢它，想追求它，可换来的却是父亲咄咄逼人、不容置喙的强势拒绝。Neil 不愿放弃梦想，却又不想让父母失望，于是便变得走投无路。Neil 自杀时并没有戴着花环而是赤裸着身体，为什么呢？许是他渴望得到父母的认同的理解吧，所以留下象征演员梦的花环，赤裸着奔向死亡。Neil 希望以此获得解脱，以成就全新的、不带任何拘束的自我重生。可父亲呢，到 Neil 死后，还将因自己的压迫和霸道导致的儿子死亡，归罪于 Mr. Keeting 的教唆。

Neil 的死就像一枚重磅炸弹，为 Mr. Keeting 的领航推波助澜，也惊醒了他的同学们：是时候追求生命的梦想了！

如果说之前 Mr. Keeting 是智慧的船长，他的学生还只是水手的话。那 Neil 的死，则让智慧之光真正照耀了每一个追求梦想的人。在 Mr. Keeting 离开时，大家站在桌子上坚定地喊着："Oh，captain，my captain"，我想他们也成了船长，至少成为了自己的船长。

生活中，我们是不是也应该做自己的船长？我们要有 Neil 那种追求梦想的坚定信念，却不要他的懦弱逃避。我们要先把眼前的事做好，再去追求梦想，我们不能因为梦想卸下应该承担的责任，不能让梦想变成逃避的借口。也许现实骨感、残酷，然而梦想却凭借它的美好而显得铿锵有力。有人问：当梦想与现实发生冲突时，谁会赢？我们不可否认现实的客观局限性的制约作用，但梦想也可以改变现实。而此时，决心与坚持是最重要的！终于有一

---

① 实施本专题时，该作者为北师大嘉兴附中高一学生。本专题中"同伴分享"与"学生成果"中所有作品，作者均为北师大嘉兴附中高一学生。

天，你曾经因梦想与现实而产生的心理落差，会变成对圆满现实的惊讶。所以，请勇敢地选择，勇敢地追求，积极地去拥抱现实给予你的，迎难而上地去争取人生的希望。要知道，天空很大，梦就躺在你的睫毛下。

"我步入丛林，因为我希望活得有意义。我希望活得深刻，汲取生命所有的精髓！把非生命的一切全部击溃，以免在我生命终结时，发现自己从来没有活过。"Thank you，Neil.

# 四、学习活动预告

本专题我们将围绕以下三个核心问题展开一系列的学习活动。

问题一：分析你所阅读的小说中的青春主人公形象特点，走进他们的内心世界，并深入理解小说的主旨。

**学习活动**

1. 分别阅读《麦田里的守望者》①《在细雨中呼喊》两部小说，理清故事情节，分析主人公的形象特点，通过文本细读深入理解作品的思想感情。

2. 阅读刘瑜的《请别让我消失》、李敏的《解密〈麦田里的守望者〉主人公霍尔顿的文化意义》等相关评论性文章，精进思考，并能围绕阅读时提出的疑问或关注的问题进行探讨，然后与同伴交流探讨的结果。

问题二：文学主人公性格的形成的深层原因是什么？在更广阔的范围内探讨"青春的成长"。

**学习活动**

1. 比较阅读两部原作，对比读中产生的问题进行深解。

2. 阅读陈晓明的《论〈在细雨中呼喊〉（节选）》和洪增流、王静的《〈麦田里的守望者〉的悲剧性解读》等评论文章，在阅读中继续深化阅读感受，在提问与探究中将思考引向深入。

问题三：作为青春期的我们，渴望明媚的青春的阳光。研读青春小说，观看青春影片，意义何在？应该带着怎样的心态对待这些东西？从中我们可

---

① 本书所选《麦田里的守望者》为译林出版社 2010 年版，译者为施咸荣。

以获得哪些有益的启示？

**学习活动**

1. 阅读三岛由纪夫的《青春的倦怠》，提炼要点，思考：如何走出青春的孤独？

2. 专题写作：基于在"青春"专题阅读中对某一方面产生的思考，撰写一篇论文。

3. 组织辩论赛、演讲赛、青春小讲堂等综合活动，深度体验青春，共赴一场青春盛宴。

第二课段 **泛读：寻找另一种力量**

　　每一部经典作品都会打上作家思想感情的烙印，带有鲜明的主观色彩。阅读则是读者戴着一副染有作家感情色彩的眼镜，去观察生活、认识世界。要理解、欣赏作品，必须了解作家所处的那个时代，了解作家在彼时彼地的经历遭际，如此才能更深切地理解其情感倾向。而且，每一位享誉文坛的大师都是一面精神旗帜，他们，总会给我们另一种力量。

　　这一课段选取了和作者及作品密切相关的六篇背景性文章，学习步骤如下：

　　第一，阅读《塞林格后，谁为我们守望麦田》《我为何写作》《坚硬世界里，给自己最温柔的保护》三篇文章，了解作者和作品的相关情况；第二，选读《那片麦田，那中国式的守望》《〈在细雨中呼喊〉自序》两篇文章；第三，阅读《塞林格自觉自愿地选择了离开》《我能否相信自己》两篇文章；第四，写下你对为什么读《麦田里的守望者》和《在细雨中呼喊》这个问题的思考。

　　建议使用 2 课时。

# 一、基础阅读

　　**学习任务**

　　阅读《塞林格后，谁为我们守望麦田》《我为何写作》《坚硬世界里，给自己最温柔的保护》，用表格或文字来呈现"作者生平、创作思想、艺术风格、他人评价、作品主要内容"等重要信息。

# 塞林格后，谁为我们守望麦田①

周怀宗

塞林格走了。

对于很多人来说，塞林格可能并非一个熟悉的名字。不过即使不了解塞林格的人，也一定知道《麦田里的守望者》（以下简称《麦田》），这本曾经陪伴无数人度过懵懂岁月的书，它的作者，就是塞林格，美国最重要的当代作家之一、20世纪最著名的隐士之一……

以《麦田》成名之后，塞林格度过了近60年的隐居生活，同样成就的作者，塞林格是作品最少的一个，远远谈不上丰富，遑论著作等身这样的词汇。但即便是这样，这个让全世界的人都能在青春少年时读到一本适合他们的书的人，他在世界文学上的影响力也要远强于比他作品更多的人。

《麦田》中文译者孙仲旭说，《麦田》是一个奇迹，而塞林格只有一个。如今塞林格走了，还有谁能为后来人们守望他们心中的麦田？

## 只有一个塞林格

塞林格出身于纽约一个犹太家庭，曾亲历"二战"，大学读了一年就弃学。在发表《麦田》之前，塞林格曾是《纽约客》的专属作者，长期只为《纽约客》供稿，这个工作给他带来了很丰厚的收入，使他不至于像多数作家那样经历成名前的困窘。1950年《麦田》发表之后，塞林格一举成名天下知。而《麦田》也成为全世界大多数人的青春必读书。

孙仲旭说："他已将近40年未发表过新作品，但这并不等于人们已经忘了他。从他20世纪成名后的50年代开始选择在美国东北部的新罕布什尔州考尼什镇山区隐居以来，任何关于他的一点点小消息都会以极快的速度传播，这正说明了人们仍是多么关注他，主要原因，便是他创作出了独一无二的《麦田里的守望者》。"

对于这本书，塞林格本人同样也关注异常，他不像其他的作者，一旦小说走红，就开始大卖改编权，各种影视作品乃至漫画等等纷至沓来。自始至终，《麦田》就只有一本书，也只是一本书，塞林格拒绝了所有意图把它改编成其他形式的人，其中包括斯皮尔伯格。他拒绝一些电视、电影、舞台剧甚

---

① 周怀宗.塞林格后，谁为我们守望麦田.北京晨报，2010-01-31(A18).

29

至有声读物的改编。也拒绝为《麦田》写续集，尽管有人预测仅续集的预支费用就价值 500 万美元。在塞林格看来，《麦田》只有一本书，霍尔顿也已成绝响，他说"不会再有霍尔顿·考尔菲德。（要么）再看一遍小说。霍尔顿·考尔菲德在那个瞬间已经凝固。"

只有一个小说，这或许正是《麦田》之所以是《麦田》，而世界上也只有一个塞林格，这也正是塞林格之所以是塞林格。

## 梦想开始的地方

《麦田》在世界文学史上的价值和地位无可置疑。因为基本上所有人都能在《麦田》中找到青春的痕迹和证明。孙仲旭说：《麦田》就是这样一个奇迹，它让所有人在适当的年龄读到了一本适当的书。它是一个青春的纪念，每个人的心中都有一个霍尔顿，他让青少年的那种质问和怀疑得到应有的承认以及发泄。

对于孙仲旭来说，《麦田》的意义还不止此，因为它还是孙仲旭梦想开始的地方，孙仲旭说："《麦田》影响了许多代人，于我也有着特殊的意义。16 年前，上大二的我从图书馆借到了这本书的原版，一读之下，竟与书里的主人公霍尔顿有息息相通之感，他的愤怒就是我的愤怒，他的迷惘正是我的迷惘，他的欢乐也是我的欢乐。于是萌发了自己重译一遍的念头。托朋友从国外买回原版后马上开始译，译完改完后，又不知天高地厚地寄给了独家拥有《麦田》简体中文版权的译林出版社。虽然当时并未采用，但正是译《麦田》，让我走上了文学翻译之路，是我梦想开始的地方。"

孙仲旭的经历可能仅仅是个案，但不可否认的是，《麦田》几乎对每一个读过它的青年都曾产生过影响，只是程度不同而已。很多作家最开始也曾受《麦田》影响至深，比如苏童、王小波等等，以至于有人将《麦田》评为 20 世纪 80 年代中国最重要的阅读事件之一。可以说，《麦田》确实是无数人梦想开始的地方，尽管麦田并不适合充当这样一个角色。

## 中国没有塞林格

对于《麦田》的影响力，孙仲旭说："在这本薄薄的小说里，塞林格充分探索了一个十几岁少年的内心世界。愤怒与焦虑正是此书的两大主题，它揭示了'代沟'的存在，高扬个性自由的旗帜。霍尔顿对成年人主宰的世界的反叛，更能让处于此年龄段的青少年产生深深的共鸣，简而言之，这就是'他们的书'，所以受欢迎再正常不过。而且，它也不是一本'只破不立'的书，写作时，30岁的塞林格加入了自己的人生经验，通过霍尔顿的老师之口，他引用了一位心理学家的名言：'一个不成熟的人的标志是他愿意为了某个原则轰轰烈烈地死去，而一个成熟的人的标志是他愿意为了某个原则谦恭地活下去。'而说明塞林格认识到愤怒与发泄并非解决问题的办法。理解这一点，就会理解为什么在美国有许多地方小图书馆'禁'这本书的同时，许多大中学校仍把它列入必读书单，说明大家对它的价值心中有数，即在宣泄情绪的同时，它也有相当大的建设性作用。"

而在中国，显然没有像塞林格这样一个人，这或许是文化传统的原因，也或许是价值观的原因。孙仲旭说："这些年来，很多中国的青春小说都自比《麦田》，但是时间证明，没有一本书能比得上《麦田》，自然也没有一个人比得上塞林格。"

### 没有谁像他一样珍惜羽毛

塞林格是一个很独特的人，他是世界范围内名气最大却作品最少的作家，《麦田》成名之时，塞林格仅仅30岁，在此后近60年里他并没有放弃写作，尽管长期隐居，但他确实一直保持写作的状态，但是这些作品却很少被拿出来发表。孙仲旭说："他对于写作精益求精，宁可不发表也不愿意敷衍读者，像塞林格这样珍惜羽毛的作者实在太少了。很多人一旦成名，不说之前写的全部再拿出来出版，成名之后，那些质量不够的也全被发表，因为有的是人追捧。"

实际上，至今塞林格出版的书只有包括《麦田》在内的4本，其他3本分别是短篇小说集《九故事》、中篇小说集《法兰妮与卓依》《抬高房梁，木匠们/西摩：小传》，都是薄薄的小册子，字数十来万。封面设计是经过塞林格同意的极为朴素的设计，既无作者照片或介绍，也无一些书上通常会有的广告性语句。

塞林格从不宣传自己，隐居之后更是拒绝和任何媒体接触，唯一一次被接受的采访是一家学校校报的学生记者。这样的态度实在是大多数作家所无法做到的。

如今，塞林格死后，按照规律，他的书必将再次大卖，不过发财的只是出版商，和塞林格没有什么关系，想必塞林格生前也不大会喜欢这种局面吧。

# 我为何写作①

## 余 华②

二十年前，我是一名牙科医生，在中国南方的一个小镇上手握钢钳，每天拔牙长达八个小时。

在我们中国的过去，牙医是属于跑江湖一类，通常和理发的或者修鞋的为伍，在繁华的街区撑开一把油布雨伞，将钳子、锤子等器械在桌上一字排开，同时也将以往拔下的牙齿一字排开，以此招徕顾客。这样的牙医都是独自一人，不需要助手，和修鞋匠一样挑着一副担子游走四方。

我是他们的继承者。虽然我在属于国家的医院里工作，但是我的前辈们都是从油布雨伞下走进医院的楼房，没有一个来自医学院。我所在的医院以拔牙为主，只有二十来人，因牙疼难忍前来治病的人都把我们的医院叫成"牙齿店"，很少有人认为我们是一家医院。与牙科医生这个现在已经知识分子化的职业相比，我觉得自己其实是一名店员。

我就是那时候开始写作的。我在"牙齿店"干了五年，观看了数以万计的张开的嘴巴，我感到无聊至极。当时，我经常站在临街的窗前，看到在文化馆工作的人整日在大街上游手好闲地走来走去，心里十分羡慕。有一次我问一位在文化馆工作的人，问他为什么经常在大街上游玩。他告诉我：这就是他的工作。我心想这样的工作倒是很适合我。于是我决定写作，我希望有朝一日能够进入文化馆。当时进入文化馆只有三条路可走：一是学会作曲；二是学会绘画；三就是写作。对我来说，作曲和绘画太难了，而写作只要认识汉字就行，我只能写作了。

现在，我已经有十五年的写作历史了，我已经知道写作会改变一个人，会将一个刚强的人变得眼泪汪汪，会将一个果断的人变得犹豫不决，会将一个勇敢的人变得胆小怕事，最后就是将一个活生生的人变成了一个作家。我这样说并不是为了贬低写作，恰恰是为了要说明文学或者说是写作对于一个人的重要。因为文学的力量就是在于软化人的心灵，写作的过程直接助长了这样的力量，它使作家变得越来越警觉和伤感的同时，也使他的心灵经常地

---

① 本文是在意大利都灵举办的"远东地区文学论坛"的演讲稿。

② 余华．没有一条道路是重复的．北京：作家出版社，2012：108－111.

感到柔弱无援。他会发现自己深陷其中的世界与四周的现实若即若离，而且还会格格不入。

然后他就发现自己已经具有了与众不同的准则，或者说是完全属于他自己的理解和判断，他感到自己的灵魂具有了无孔不入的本领，他的内心已经变得异常的丰富。这样的丰富就是来自于长时间的写作，来自于身体肌肉衰退后警觉和智慧的茁壮成长，而且这丰富总是容易受到伤害。

就像你们伟大的但丁，在那部伟大的《神曲》里，奇妙的想象和比喻，温柔有力的结构，从容不迫的行文，我对《神曲》的喜爱无与伦比。但丁在诗句里表达语言的速度时，这样告诉我们：箭中了目标，离了弦。另一位伟大的作家叫博尔赫斯，是阿根廷人，他对但丁的仰慕不亚于我。在他的一篇有趣的故事里，写到了两个博尔赫斯，一个六十多岁，另一个已经八十高龄了。他让两个博尔赫斯在漫长旅途中的客栈相遇，当年老的博尔赫斯说话时，让我们看看他是如何描写声音的，年轻一些的博尔赫斯这样想："是我经常在我的录音带上听到的那种声音。"多么微妙的差异，通过录音带的转折，博尔赫斯向我们揭示出了一致性中隐藏的差异。伟大的作家无不如此，我在这里可以列出一份长长的名单，我相信这份名单长到可以超过我们中国没完没了的菜谱。

因为一个众所周知的原因，像我这一代人是在没有文学的环境里成长起来的，当我成年以后，我开始喜爱文学的时候，正是中国对文学解禁的时代，我至今记得当初在书店前长长的购书人流，这样的情景以后我再没有见到，这是无数人汇聚起来的饥渴，是一个时代对书籍的饥渴，我置身其间，就像一滴水汇入大海一样，我一下子面对了浩若烟海的文学，我要面对外国文学、中国古典文学和中国的现代文学，我失去了阅读的秩序，如同在海上看不见陆地的漂流，我的阅读更像是生存中的挣扎，最后我选择了外国文学。我的选择是一位作家的选择，或者说是为了写作的选择，而不是生活态度和人生感受的选择。因为只有在外国文学里，我才真正了解写作的技巧，然后通过自己的写作去认识文学有着多么丰富的表达，去认识文学的美妙和乐趣，虽然它们反过来也影响了我的生活态度和人生感受，然而始终不是根本的和决定性的。因此，作为一个中国人，我一直以中国的方式成长和思考，而且在今后的岁月里我也将一如既往；然而作为一位中国作家，我却有幸让外国文学抚养成人。除了我们自己的语言，我不懂其他任何语言，但是我们中国有一些很好的翻译家，我很想在这里举出他们的名字，可是时间不允许我这样做。我就是通过他们出色的翻译，才得以知道我们这个世界上的文学是多么辉煌。

我真正要说的是文学的力量就在这里，在但丁的诗句里和博尔赫斯的比喻里，在一切伟大作家的叙述里，在那些转瞬即逝的意象和活生生的对白里，在那些妙不可言同时又真实可信的描写里……这些都是由那些柔弱同时又是无比丰富和敏感的心灵创造的，让我们心领神会和激动失眠，让我们远隔千里仍然互相热爱，让我们生离死别后还是互相热爱。因为但丁告诉我们：人是承受不幸的方柱体。在这个世界上，还有什么物体能够比方柱体更加稳定可靠？

## 坚硬世界里，给自己最温柔的保护[①]

苏豆芽

一个人的成长史就是我们应对世界的抗体形成史。

——题记

余华有五部长篇，第一部《在细雨中呼喊》是一本关于记忆的书，是对童年的一次泥沙俱下的讲述。第二部《许三观卖血记》是对青年境态的描摹。第三部《活着》是老年对一生的回望。第四部《兄弟》是整合人生所有阶段后对未来生存的恐慌。第五部《第七天》是死人给世界留下一份证据。

余华的作品可能对于每一个男性读者来说，是一种成长性的阅读。对于女性读者来说，是一种重口味的趣味性阅读。也因此，我为自己的孩子设定的小说阅读顺序，就是余华的长篇写作顺序。

我们今天说一说《在细雨中呼喊》。在华语写作中，关于记忆能让你惊艳的书有两本，一本是这本《在细雨中呼唤》，另外一本是北岛的《城门开》。北岛的记忆力给人一种真实的震撼，他记忆的笔下能描绘出记忆中某一天下午风的味道，那种惊艳的记忆能力使得你读到的第一刻起便会想去翻翻自己锁在老家抽屉里面十多年前的日记本，活色生香，妈妈饭的气味扑面而来，而余华的记忆是凛冽强悍，瑰丽滂沱且又隐秘盛开的。这本书里的每段故事，

---

① 本文选自豆瓣读书。略有改动。

都能勾起读者对自己的童年的一次回想。因此当你读了一页后会觉得自己读到了很多很多，读了好多年，但是看看页面时，仅此一页，因为你读到自己的记忆中去了，它带给人的阅读体验是那么浓重深远。甚至每一个细节，读者都能看到记忆中的自己在那里矗立。读这本书就是对自己过去的一次献礼，甚至会不由自主地整理自己，总结自己，这也是这本书在文学中延绵至今的魅力之一。

《在细雨中呼喊》探究了人在成长过程中的、所有的温暖美好和所有失意破败。对于生活、世界、自我的未知，产生的恐惧，产生的小心翼翼，这些在回望的过程中，是那么的可笑，但是又是那么的不可空缺，我们也因此学会、因此完满，我们甚至想，要是当时那个事情早点到来，早点被自己识破参悟，早点知道究竟，早一刻经历，岂不是更好。但回头一想，其实生活不就是如此的味道，干嘛要生拉硬拽呢！

读余华这本书的时候，记忆好像在这刻偶然被唤醒。然后铺天盖地浩浩荡荡地从自己的脑袋里奔涌而起。

所有的第一次，所有的秘密，所谓的不为人知，都从过去的时光中惊醒，开始集体奔向脑子里了。我甚至偷偷看看四周，是否有人识破了我内心的秘密，再想想余华，他如果在我面前，肯定是知道我记忆中的秘密，他的小说是那么的熟知我的秘密。

那些暗恋、那些幻想、那些不知天高地厚，那些懊恼，那些无可排泄的情绪、那些顾影自怜、那些期期艾艾、那些抱怨、那些怯懦失意、那些牵黄心理、那些体液毛发、那些器官排泄，等等，全部因阅读奔流开来，脑子开启一个记忆的自动下载模式。

在这本书里，主人公"我"第一次对女性产生想象，无可名状地恐惧。觉得自己对女孩子的想象是对女孩子的亵渎，觉得自己很肮脏，甚至都不敢告诉最好的朋友。害怕遭到嫌弃，破坏双方之间的友谊。

"我"对于暗恋女性梦想的破灭，是因为"我"暗恋的那个女孩子，她喜欢的竟然是"我"最唾弃的东西。

寡妇跟父亲、哥哥、朋友的父亲的纠缠，致使"我"对于女性充满了恐惧，从而对于女性这种动物无所适从。

第一次触摸异性后的犯罪感，惊险又离奇，内心从忐忑到平复，以上种种，都是每个人成长中必须去经历的一种心理情感。

不必在这刻，也不必在这本书中，每个人的记忆都会在某一时间恢复激情，一下子让你停止在一个节点，它会在当下的某一个事件中被引诱出来。记忆充满了冒险，或充满了神秘。它带给我们的有窘迫，有甜蜜，有战栗。而这本书，就是每一个人记忆的药引。每一句话，都能牵引出童年成长中的某一时刻的心情，有卑微的，有不可见人的，有张扬的，还有一些这辈子只有我们自己知道的。拿起这本书，进入阅读，便能开始血脉膨胀。

无论怎样，记忆这种东西是最美好的。无论记忆里的事情当时带给我们的心境是怎样的。但是在现在，它是超越困顿、忧伤、悲苦等种种情绪的一种财富。我们每个人的童年记忆会串联起我们每个人的成长史。

# 二、拓展阅读

**学习任务**

《那片麦田，那中国式的守望》和《〈在细雨中呼喊〉自序》两篇文章分别对两部原作进行了介绍（或评议），其中最吸引你的内容是什么呢？请简要分析。

## 那片麦田，那中国式的守望①

### 小　艾

塞林格当然是 20 世纪下半叶最重要的作家之一，不过人们纪念他，却不仅仅因为他的文学成就，更因为《麦田里的守望者》写出了不止一代人心中的迷惘与无助，并成为一代又一代读者的青春记忆。自 1963 年《麦田里的守望者》第一次被译为中文以来，塞林格的书便成为中国读者的集体记忆之一，不过考量这份集体记忆，我们会发现，这记忆有时候与文学，其实真的是完全无关的。

【出版史】

和塞林格有关的青春

我们知道曾经有那么一个奇怪的时代，青年们搜遍整个中国，都找不到

---

① 小艾．那片麦田，那中国式的守望．新京报，2010-02-06．

几本像样的书来看。偶有,则众抢之,秘传之,偷阅之,甚而手抄之。《麦田里的守望者》是这些隐晦读物里的一种,中国读者对于塞林格的公众记忆,大致就起自20世纪60年代。当时中苏关系紧张,出于"反修"斗争的需要,我国出版系统成立了"外国政治学术著作办公室",该办公室选择了一批外国图书翻译成中文,加以简单的灰、黄等单色装帧,封面上也只印有书名和作者名字,可谓朴素到极致。其中,"灰皮书"主要是政治类,"黄皮书"则是文学类。据人民文学出版社编辑张福生回忆,"黄皮书"每种只印900册左右,而且读者范围很明确:司局级以上干部和著名作家。出版社会按照某个经过严格审查的名单,通知这些人购买,收到书的读者行事也要十分谨慎,一些单位要求阅后锁进机密柜。

1962年,翻译家施咸荣动手翻译《麦田里的守望者》,翌年由作家出版社出版,就是以"黄皮书"的形式。这本书让中国读者第一次知道了塞林格,也在小圈子里面形成了第一个塞林格的读者群,如果当时有"粉丝"这个词的话,那这些读者无疑就是塞林格最早的粉丝。

关于这个译本,施咸荣之子施亮回忆说,原著英文名含义复杂,翻译时字斟句酌。《The Catcher in the Rye》中的"Catcher"原意是棒球队的"捕手",但彼时中国人几乎不知棒球为何物。施咸荣本想译作《麦田里的看守人》,感觉不妥,后来偶然想起海岛上看守灯塔的人,才定下"守望者"一词。这个词随着"黄皮书"隐秘而广泛的地下流传,慢慢嵌进了一代人的大脑,这些人可能是知青、被荒废的学者以及对一切好奇的少年。多年后成为作家的陈丹燕和徐晓,就是从家里的书架上或者朋友的手中,搞到了《你到底要什么》《带星星的火车票》《麦田里的守望者》《斯大林女儿的信》等等诸如此类的"黄皮书",阅读成为这样一种富有活力的冒险行为,"有时一本书在一个人手里只能停留24小时"。

"黄皮书"的原始意义在于"供批判用",种类倒也不少,停留在许多人记忆里的,为何是塞林格?我们可以不怀好意地联想,也许小说里的粗口和性描写,在压抑的岁月里比较对青年的胃口。朱伟读到这本书的时间大约在1977年至1978年间,当时他还在《人民文学》杂志当见习编辑,他觉得塞林格动人之处首先是,"一个孩子告别少年,对童年的依恋与对虚伪而现实的成人社会的恐惧。"从这个意义上说,《麦田里的守望者》与《少年维特之烦恼》有相似之处,因为童年隔离了真实的痛苦,很容易引起读者共鸣。

到了 80 年代初期，西方文学终于可以公开而大量地引进，《麦田里的守望者》由漓江出版社出版，1983 年第一版就印了四万六千多册，仍是施咸荣的译本。塞林格由此开始大规模影响那些文学青年，有人论证，陈建功、刘索拉、陈村、王朔的一些作品"都照出了塞林格的影子"，格非、韩东、石康等人也从不讳言对塞林格的崇敬。最明显的是徐星，1985 年他还是北京烤鸭店一个散漫的服务员，就写出了《无主题变奏》——这篇小说经朱伟之手编发在《人民文学》杂志上，随即受到了质疑：这完全是在模仿《麦田里的守望者》呀。不过朱伟说，其实塞林格对一代人的影响，是千万个徐星。

可以找到很多人的自述，来佐证朱伟的判断。苏童曾经表示，塞林格是他大学时代最痴迷的作家，"我把能觅到的他的所有作品都读了。我无法解释我对他的这一份钟爱。直到现在我还无法完全摆脱塞林格的阴影，我的一些短篇小说中可以看见这种柔弱的水一样的风格和语言。"不过苏童同时提到，在塞林格的作品里，《九故事》比《麦田里的守望者》具有更高的文学价值。而止庵认为，如果没有塞林格，就没有王朔，也没有王小波，正是因为有《麦田里的守望者》引入中国，才有"二王"的出现。再往后呢？评论家谢有顺说："塞林格对 70 后、80 后的影响，是比较碎片式的，但这些年轻作家对塞林格的认同，并没有减少，他们在叙事上不会再单一地模仿塞林格，可是，他们依然能从他作品中获得一种观察世界、体验人生的方式和眼光。"评论家雷达也说："关注青少年心灵成长的《麦田里的守望者》，不仅影响了一整代人，还将影响更多代的人，尤其是 16 至 20 岁之间的年轻人。"

【阅读志】

### 塞林格走了，守望还在

1980 年 12 月 8 日，大卫·查普曼用一本书盖着他的手枪，向约翰·列侬连开了 5 枪，就此终结了西方流行文化的一个时代。事后人们发现，那本盖在手枪上的书，是塞林格的名著《麦田里的守望者》，查普曼在这本书上写下一句题词，"霍尔顿·考尔菲德送给霍尔顿·考尔菲德"，等警察来了，他说所有的答案都在这本书里。仔细想想，不光查普曼，约翰·列侬本人又何尝不是一个活脱的霍尔顿·考尔菲德？1980 年的那一天，霍尔顿的时代其实已经结束了，但塞林格比他的主人公晚死了 30 年，也见证了那片想象中的麦田一天比一天荒芜。

在塞林格逝世之际回想大卫·查普曼的往事，我们可以确认在中国肯定是不会发生类似暴力事件的。关于这一点，在书名上或许就可以看出一点点端倪。塞林格的小说本应译为"麦田捕手"（台湾译本用的就是这个名字），这是一个充满了行动力的词语，棒球场上的捕手原本以反应敏捷、动作准确著称，就像查普曼的枪一样。至于"守望者"，施咸荣先生用这个词代替国人不熟悉的棒球"捕手"，不但传神，更在第一时间抓住了彼时中国思想界的实质：忧伤、无助、守望、挣扎，有一点点自怜，但绝不主动行动。回过头来看，如果没有"守望者"这个词，塞林格这本书在中国是不是很难获得今日这般的影响力？

沈展云先生在《灰皮书，黄皮书》里，回忆当年影响最大、几乎塑造了一代青年思想的黄皮书，认为最重要的三种是凯鲁亚克的《在路上》、阿克肖诺夫的《带星星的火车票》，还有塞林格的《麦田里的守望者》，后者在1963年就由施咸荣翻译出版了。沈展云先生的回忆当然是可靠的，不过事实上，当年所谓的"影响巨大"，也仅仅是集中在一个特别小的圈子里面而已，离所谓的时代读物还遥远得很。比如《带星星的火车票》，就迟至21世纪初才被"重新发现"，这本俄罗斯版的"麦田里的守望者"完全错过了中国当代思想的孵化期，至于《麦田里的守望者》本身和塞林格的名字，即使在当年那套影响巨大的《外国现代派作品选》里面也根本只字未提。真正让塞林格在中国产生巨大影响的，是1983年漓江出版社的版本。那时候中国的读者还不知道有一个疯狂的"霍尔顿"捧着这本书开枪打死了约翰·列侬，他们只是发现霍尔顿的迷茫和自己的迷茫是那么相似，而且他们连像霍尔顿那样去吊儿郎当都做不像，只能站在一边，默默守望。

塞林格确实在一代中国读者心中打下了烙印，不但在很多作家的作品当中，我们可以或多或少读到塞林格的痕迹。即使20世纪末最后一次读书热潮里面，塞林格也是关键词之一。那时候，以河北教育出版社的大批国外作家全集为代表，兴起了一次阅读热潮，而这个出版社创办的文化公司，名字就叫做麦田……

塞林格去世之后，我们目睹了一场纪念热潮，《麦田里的守望者》也跟着脱销。在美国，人们的焦点是寻找作家可能留下的那些手稿，而在中国，纪念的焦点其实是关于青春的回忆。很多人在想起塞林格的时候，想起的是自己的青春往事，想起的是那个曾经白衣飘飘的文学时代——那是一个差一点点就行动起来的时代，但最后，我们还是只能守望。

其实，如今的世界，和塞林格动笔写《麦田里的守望者》的时候已经完全不同，如今的少年，大概和当年的霍尔顿也完全不一样了。在消费主义的大势之下，霍尔顿的迷惘即使不显得可笑，至少也不太可能成为新一代少年的心理障碍了。看看身边，塞林格想象中的那片麦田似乎已经越来越荒芜，至于谁还会守望在那片麦田旁边，更是一个问号了。

《麦田里的守望者》之外，塞林格真正出版了的作品并不多。不过，虽然文学界几乎一致认为《九故事》的文学成就更高，但塞林格的短篇小说在中国却始终没有太大的影响力，只在一些铁杆粉丝之中秘密流传而已。1988 年短篇小说集《弗兰妮》出版，不过印了区区 4400 册，而《抬高房梁，木匠们/西摩：小传》，到 2009 年才翻译出版，那时候，塞林格已经 90 岁了。

回首往事，我们应该感谢施咸荣先生。他用"守望者"这个词语，让中国读者对塞林格的书产生了深深的心灵共鸣，从而让一本伟大的青春小说避免了像《九故事》那样只流传在知识界的命运。当然，更重要的是，他也用这个词告诉我们，即使是"守望者"，也有可能像"捕手"那样行动起来，趁着那片正在荒芜的麦田，还剩下最后一抹金色。

## 《在细雨中呼喊》自序[①]

### 余　华

#### 中文版

作者的自序通常是一次约会，在漫漫记忆里去确定那些转瞬即逝的地点，与曾经出现过的叙述约会，或者说与自己的过去约会。本篇序言也不例外，于是它首先成为了时间的约会，是一九九八年与一九九一年的约会；然后，也是本书作者与书中人物的约会。我们看到，在语言里现实和虚构难以分辨，而时间的距离则像目光一样简短，七年之间就如隔桌而坐。

就这样，我和一个家庭再次相遇，和他们的所见所闻再次相遇，也和他们的欢乐和痛苦再次相遇。我感到自己正在逐渐地加入到他们的生活之中，有时候我幸运地听到了他们内心的声音，他们的叹息喊叫，他们的哭泣之声和他们的微笑。接下来，我就会获得应有的权利，去重新理解他们的命运的权利，去理解柔弱的母亲如何完成了自己忍受的一生，她唯一爆发出来的愤

---

①　余华. 在细雨中呼喊. 北京：作家出版社，2014.

怒是在弥留之际；去理解那个名叫孙广才的父亲又是如何骄傲地将自己培养成一名彻头彻尾的无赖，他对待自己的父亲和对待自己的儿子，就像对待自己的绊脚石，他随时都准备着踢开他们，他在妻子生前就已经和另外的女人同居，可是在妻子死后，在死亡逐渐靠近他的时候，他不断地被黑夜指引到了亡妻的坟前，不断地哭泣着。孙广才的父亲孙有元，他的一生过于漫长，漫长到自己都难以忍受，可是他的幽默总是大于悲伤。还有孙光平、孙光林和孙光明，三兄弟的道路只是短暂地有过重叠，随即就又向了各自的方向。孙光平以最平庸的方式长大成人，他让父亲孙广才胆战心惊；而孙光林，作为故事叙述的出发和回归者，他拥有了更多的经历，因此他的眼睛也记录了更多的命运；孙光明第一个走向了死亡，这个家庭中最小的成员最先完成了人世间的使命，被河水淹没，当他最后一次挣扎着露出水面时，他睁大眼睛直视了耀眼的太阳。七年前我写下了这一笔，当初我坚信他可以直视太阳，因为这是他最后的目光；现在我仍然这样坚信，因为他付出的代价是死亡。

　　七年前我写下了他们，七年来他们不断在我眼前出现，我回忆他们，就像回忆自己生活中的朋友，随着时间的流逝，他们的容颜并没有消退，反而在日积月累里更加清晰，同时也更加真实可信。现在我不仅可以在回忆中看见他们，我还时常会听到他们现实的脚步声，他们向我走来，走上了楼梯，敲响了我的屋门。这逐渐成为了我不安的开始，当我虚构的人物越来越真实时，我忍不住会去怀疑自己真实的现实是否正在被虚构。

意大利文版

　　完成于七年前的这本书，使我的记忆恢复了往日的激情。我再次去阅读自己的语言，比现在年轻得多的语言，那些充满了勇气和自信的语言，那些貌似叙述统治者的语言，那些试图以一个句子终结一个事物的语言，感染了今天的我，其节奏就像是竹子在燃烧时发出的"噼啪"声。

　　我想，这应该是一本关于记忆的书。它的结构来自于对时间的感受，确切地说是对已知时间的感受，也就是记忆中的时间。这本书试图表达人们在面对过去时，比面对未来更有信心。因为未来充满了冒险，充满了不可战胜的神秘，只有当这些结束以后，惊奇和恐惧也就转化成了幽默和甜蜜。这就是人们为什么如此热爱回忆的理由，如同流动的河水，在不同民族的不同语言里永久和宽广地荡漾着，支撑着我们的生活和阅读。

　　因为当人们无法选择自己的未来时，就会珍惜自己选择过去的权利。回忆的动人之处就在于可以重新选择，可以将那些毫无关联的往事重新组合起来，从而获得了全新的过去，而且还可以不断地更换自己的组合，以求获得不一样的经历。当一个人独自坐在公园的长椅上，在日落时让嘴角露出一丝微笑，他孤独的形象似乎值得同情，然而谁又能体会到他此刻的美妙旅程？他正坐在回忆的马车里，他的生活重新开始了，而且这一次的生活是他自己精心挑选的。

七年前的写作出于同样的理由。"记忆的逻辑"，我当时这样认为自己的结构，时间成为了碎片，并且以光的速度来回闪现，因为在全部的叙述里，始终贯穿着"今天的立场"，也就是重新排列记忆的统治者。我曾经赋予自己左右过去的特权，我的写作就像是不断地拿起电话，然后不断地拨出一个个没有顺序的日期，去倾听电话另一端往事的发言。

## 韩文版

饱尝了人生绵延不绝的祸福、恩怨和悲喜之后，风烛残年的陆游写下了这样的诗句："老去已忘了天下事，梦中犹见牡丹花。"生活在公元前的贺拉斯说："我们的财产，一件件被流逝的岁月抢走。"

人们通常的见解是，在人生的旅途上走得越是长久，得到的财富也将越多。陆游和贺拉斯却暗示了我们反向的存在，那就是岁月抢走了我们一件件的财产，最后是两手空空，已忘天下事，只能是"犹见"牡丹花，还不是"已见"，而且是在虚无的梦中。

古希腊人认为每个人的体内都有一种维持生机的气质，这种气质名叫"和谐"。当陆游沦陷在悲凉和无可奈何的晚年之中，时隐时现的牡丹花让我们读到了脱颖而出的喜悦，这似乎就是维持生机的"和谐"。

我想这应该就是记忆。当漫漫的人生长途走向尾声的时候，财富荣耀也成身外之物，记忆却显得极为珍贵。一个偶然被唤醒的记忆，就像是小小的牡丹花一样，可以覆盖浩浩荡荡的天下事。

于是这个世界上出现了众多表达记忆或者用记忆来表达的书籍。我虽然才力上捉襟见肘，也写下过一本被记忆贯穿起来的书——《在细雨中呼喊》。我要说明的是，这虽然不是一部自传，里面却是云集了我童年和少年时期的感受和理解，当然这样的感受和理解是以记忆的方式得到了重温。

马塞尔·普鲁斯特在他那部像人生一样漫长的《追忆似水年华》里，有一段精美的描述。当他深夜在床上躺下来的时候，他的脸放到了枕头上，枕套的绸缎可能是穿越了丝绸之路，从中国运抵法国的。光滑的绸缎让普鲁斯特产生了清新和娇嫩的感受，然后唤醒了他对自己童年脸庞的记忆。他说他睡在枕头上时，仿佛是睡在自己童年的脸庞上。这样的记忆就是古希腊人所说的"和谐"，当普鲁斯特的呼吸因为肺病困扰变得断断续续时，对过去生活的记忆成为了维持他体内生机的气质，让他的生活在叙述里变得流畅和奇妙无比。

我现在努力回想，十二年前写作这部《在细雨中呼喊》的时候，我是不是时常枕在自己童年和少年的脸庞上？遗憾的是我已经想不起来了，我倒是在记忆深处唤醒了很多幸福的感受，也唤醒了很多辛酸的感受。

# 三、挑战阅读

学习任务

《塞林格自觉自愿地选择了离开》《我能否相信自己》分别折射出了塞林格和余华怎样的性格特点（或思想品质）？对此，你有怎样的思考？

"兰花"总编辑拉思伯利回忆塞林格和夭折的塞林格出版合约

## 塞林格自觉自愿地选择了离开①

[美]魏一帆

英文媒体在悼念 J. D. 塞林格时，连篇累牍地堆砌哗众之词，"文化英雄""文学巨人""高层次读者心目中的圣人"，然而塞林格生前最厌恶的恰恰就是这一点。

他一生中将近三分之二的时间隐居在新罕布什尔州乡村家中，据说，他曾经要求出版社把粉丝的来信统统烧掉，也不让律师回答任何有关他的问题。

杰罗姆·大卫·塞林格 1919 年出生，在纽约市一个富裕的区域长大，他的父亲是犹太人，母亲是爱尔兰人。他读私立中学时因为成绩糟糕，16 岁

---

① 本文选自《南方周末》，2010 年 2 月 4 日，第 25 版。赋格译。有删节。

那年退了学，被送到军校。这段经历后来成为他惟一一部长篇小说《麦田里的守望者》的素材。

"二战"时他在欧洲战场上当兵，服役于反谍报部门，被指派做审讯纳粹叛徒的工作。据说曾因为目睹战争的残暴而一度精神崩溃。他在最受欢迎的短篇小说之一《为埃斯米而作——既有爱也有污秽凄苦》里写过一位精神崩溃的军人的故事，这篇小说收进了1953年出版的第二本作品《九故事》里，小说集出版时比《麦田里的守望者》获得了更好的评价。

他最后一次被人说动而考虑出版作品是在20世纪90年代，他出面回应对方在20世纪80年代就提出来的出版旧作的请求。这个人是乔治·梅森大学英语文学系教授罗杰·拉思伯利（Roger Lathbury），也是一家小型文学出版社"兰花出版社"的总编辑。两人1996年见了面，聊了出版的细节，后来还保持一段时间的联系。然而，当拉思伯利接受一份当地小报纸的采访并很快成为全国性新闻的事情让塞林格知道以后，塞林格立刻取消出版新书的计划并与拉思伯利切断了来往。拉思伯利说，根本没想到会发生这种事，他感到后悔。

1月29日，拉思伯利接受了《南方周末》的电子邮件采访。

■声音

◎"塞林格是'二战'后美国伟大作家中的最后一位，他通过霍尔登·考尔菲尔德①——也许是美国小说自哈克贝利·费恩之后最棒的一位少年叙述者——发出了一种真实的时代声音：幽默，不安，自我纠结，并且严重迷失。"

——小说家斯蒂芬·金

◎"塞林格的巨大而萦绕不去的主题，就是当代美国物质主义在道德上的无根性以及由此而对早熟、高度敏感的青少年的腐蚀性影响，这些孩子们在精神上的诉求往往晦涩难解（东方式、神秘主义的）而且情绪化（自恋、幼稚的利己主义）。"

——小说家乔伊斯·卡洛尔·欧茨

◎"塞林格简直比上帝更爱格拉斯一家，他过于独占地爱着他们。塑造这一家人，已成为他逃避众人的一种藏身手段。他偏爱这家人过了头，以至

---

① 通译作霍尔顿·考尔菲德。

于伤害了艺术上的均衡。塞林格认定，内心生活对于我们非常重要，这点信念奇特地赋予了他为他的美国唱赞歌的资格——在那个美国，我们大多数人基本上是不可能有什么作为的，而只是有感受。"

——约翰·厄普代克，1998年《纽约时报·书评》

南方周末：请详细谈谈你与塞林格的来往经过。

拉思伯利：我1988年写信给J. D. 塞林格，问到他出版短篇小说《哈普沃兹16，1924》的可能性。这篇25000字的小说刊登在1965年的《纽约客》杂志。他回信说他会考虑。过了8年他才决定联系我，我们在华盛顿国家美术馆的餐厅共进午餐，面谈这个事情。他的经纪人开出了一份合同。塞林格回家后，我们有书信来往，谈论这本书，但是我（轻率地）接受了一家当地报纸的采访，我以为没什么人会看到，却招来了潮水般的询问和媒体曝光——这根本就是他、我还有他的经纪人都不想看到的事情。

南方周末：那你认为，他为什么要选择你的出版社？

拉思伯利：对于时间（的选择）我回答不了——我不知道。我猜想，他挑中我的出版社是因为，我出的书都是那种我希望是好看的书（他对此也核实过，见面时我也送给了他几本书），而且我的出版社不太有名。这样他就能够做到发表了东西却又像没发表一样——既成为公众人物，又同时保持个人神秘。

南方周末：他是个怎样的人？

拉思伯利：作为一个个人，他私底下是个很开放的人。他有难以抑制的幽默感和自嘲精神（这在他的书信里也有显示），他看上去也挺坦率的。他笑起来很有意思——那种笑仿佛在说，你和他比其他人更懂得到底是什么事情那么好笑。他看上去也不是那么的自我中心，不过这也可能有点做样子的成分吧。

南方周末：你对他的印象？

拉思伯利：他75岁了，个子高，外表整洁，反应灵敏。他有点不好意思地解释说，他耳背得厉害，因此我不得不侧着身子靠近他大声说话，同时尽量不显得唐突。

南方周末：他真的杜门谢客？

拉思伯利：我知道他无意中遇到过威尔弗里德·西德（编者注：小说家）。那天吃午饭时他告诉我，他后悔没有回信给斯科特·菲茨杰拉德的朋友、文学评论家埃德蒙·威尔逊。他也问起过研究菲茨杰拉德的学者马修·布科里，因为布科里是我的朋友，我能够回答他的问题。他有时跟幽默作家S.J. 佩雷尔曼吃饭，不过佩雷尔曼在 1979 年去世了。

南方周末：塞林格为什么那么看重隐私，你怎么看？

拉思伯利：塞林格就像他的著名小说中的霍尔登·考尔菲尔德。他厌弃这个商业化的、巧取豪夺的、剥削人的、麻木不仁的、向钱看的世界。霍尔登·考尔菲尔德同样厌弃这个世界，他擦不掉刻在他周围那个世界的墙上的咒语，他受不了这点，于是被关了禁闭。而塞林格自觉自愿地选择了离开。

他不喜欢当名人，原因就跟霍尔登·考尔菲尔德不喜欢"虚伪矫情者们"使用"宏伟"这样的词语一样，名声等同于虚伪，等同于自恋的美化。

南方周末：《麦田里的守望者》刚出版时，人们对它既欢迎又害怕，是什么造成了不同的反应？

拉思伯利：年轻人欢迎它，因为他们在书里看见他们自己。嗯，我不会说"害怕"，可能"反感"更准确些。因为这本书的最终结论是一种全盘拒绝，差不多就像托尔斯泰那样，对中产阶级平庸生活彻底拒绝，所以招来了反感。书里仅有的有好下场的角色，是几个已经不在人世的作家、男主角的几位已经不在人世的朋友，还有小孩子。被迫在成人的世界生活意味着失去单纯变成一个虚伪的人，改变自己的天性。但我们必须长大，这是不可避免的。

值得赞誉的是，在他后来那些也许较少被人阅读的书里，塞林格从不讲逻辑的、超验式的、难以捉摸的东方哲学——如禅宗佛教那样的东西——里面找到了某种信念。在我认为是他最好作品的《九故事》里你可以读到这种转变。第一篇小说里有个人物西摩·格拉斯，是个想法与霍尔登·考尔菲尔德很接近的已婚男子，宁可自杀也不愿在"精神乞丐"的世界里讨生活。最后一篇小说用赞美的语调叙述一个叫泰迪的 8 岁天才/博学者/预言家的故事，他的思想来源于印度哲学。

南方周末：请你描述一下他在美国文学史上的地位。

拉思伯利：他写了一本书——这本书，最大程度地实现了书籍对于读者所能起到的效用；它使读者感同身受，同时也深受影响。读者感到这本书是在向他们诉说、替他们诉说，他们甚至采纳了书里的某些态度和作风。《麦田里的守望者》完美地抓住了 20 世纪 40 年代末和 50 年代的时代精神，这是通过典型人物霍尔登·考尔菲尔德实现的，他和美国文学中许多其他人物有着相关一致性，《白鲸》里的"孤独者"以实玛利，以及哈克贝利·费恩。

在 20 世纪 50 年代有一段时间几乎每个作家读起来都像塞林格，比如早期的菲利普·罗斯和约翰·厄普代克。西尔维亚·普拉斯 1963 年的小说《钟形罩》也和塞林格写的如出一辙。

## 我能否相信自己[①]

余　华

我曾经被这样的两句话所深深吸引，第一句话来自美国作家艾萨克·辛格的哥哥，这位很早就开始写作，后来又被人们完全遗忘的作家这样教导他的弟弟："看法总是要陈旧过时，而事实永远不会陈旧过时。"第二句话出自一位古老的希腊人之口："命运的看法比我们更准确。"

在这里，他们都否定了"看法"，而且都为此寻找到一个有力的借口，那位辛格家族的成员十分实际地强调了"事实"；古希腊人则更相信不可知的事物，指出的是"命运"。他们有一点是相同的，那就是"事实"和"命运"都要比"看法"宽广得多，就像秋天一样；而"看法"又是什么？在他们眼中很可能只是一片树叶。人们总是喜欢不断地发表自己的看法，这几乎成了狂妄自大的根源，于是人们真以为一叶可以见秋了，而忘记了它其实只是一个形容词。

后来，我又读到了蒙田的书，这位令人赞叹不已的作家告诉我们："按自己的能力来判断事物的正误是愚蠢的。"他说："为什么不想一想，我们自己的看法常常充满矛盾？多少昨天还是信条的东西，今天却成了谎言？"蒙田暗示我们"看法"在很大程度上是虚荣和好奇在作怪，"好奇心引导我们到处管闲事，虚荣心则禁止我们留下悬而未决的问题"。

四个世纪以后，很多知名人士站出来为蒙田的话作证。1943 年，IBM公司的董事长托马斯·沃森胸有成竹地告诉人们："我想，5 台计算机足以满足整个世界市场。"另一位无声电影时代造就的富翁哈里·华纳，在 1927 年坚信："哪一个家伙愿意听到演员发出声音？"而蒙田的同胞福煦元帅，这位法国高级军事学院院长，第一次世界大战协约国军总司令，对当时刚刚出现的飞机十分喜爱，他说："飞机是一种有趣的玩具，但毫无军事价值。"

---

① 本文选自余华《温暖和百感交集的旅程》，作家出版社，2012。有删节。

我知道能让蒙田深感愉快的证词远远不止这些。这些证人的错误并不是信口开河，并不是不负责任地说一些自己不太了解的事物。他们所说的恰恰是他们最熟悉的，无论是托马斯·沃森，还是哈里·华纳，或者是福煦元帅，都毫无疑问地拥有着上述看法的权威。问题就出在这里，权威往往是自负的开始，就像得意使人忘形一样，他们开始对未来发表看法了。而对他们来说，未来仅仅只是时间向前延伸而已，除此之外他们对未来就一无所知了。就像1899年那位美国专利局的委员下令拆除他的办公室一样，理由是"天底下发明得出来的东西都已经发明完了"。

有趣的是，他们所不知道的未来却牢牢地记住了他们，使他们在各种不同语言的报刊的夹缝里，以笑料的方式获得永生。

很多人喜欢说这样一句话：不知道的事就不要说。这似乎是谨慎和谦虚的品质，而且还时常被认为是一些成功的标志。在发表看法时小心翼翼固然很好，问题是人们如何判断知道与不知道？事实上很少有人会对自己所不知道的事大加议论，人们习惯于在自己知道的事物上发表不知道的看法，并且乐此不疲。这是不是知识带来的自信？

我有一位朋友，年轻时在大学学习西方哲学，现在是一位成功的商人。他有一个十分有趣的看法，有一天他告诉了我，他说："我的大脑就像是一口池塘，别人的书就像是一块石子；石子扔进池塘激起的是水波，而不会激起石子。"最后他这样说："因此别人的知识在我脑子里装得再多，也是别人的，不会是我的。"

他的原话是用来抵挡当时老师的批评，在大学时他是一个不喜欢读书的学生。现在重温他的看法时，除了有趣之外，也会使不少人信服，但是不能去经受太多的反驳。

这位朋友的话倒是指出了这样一个事实：那些轻易发表看法的人，很可能经常将别人的知识误解成是自己的，将过去的知识误解成未来的。然后，这个世界上就出现了层出不穷的笑话。

有一些聪明的看法，当它们被发表时，常常是绕过了看法。就像那位希腊人，他让命运的看法来代替生活的看法；还有艾萨克·辛格的哥哥，尽管这位失败的作家没有能够证明"只有事实不会陈旧过时"，但是他的弟弟，那位对哥哥很可能是随口说出的话坚信不已的艾萨克·辛格，却向我们提供了成功的范例。辛格的作品确实如此。

米兰·昆德拉在他的《笑忘书》里，让一位哲学教授说出这样一句话：“自詹姆斯·乔伊斯以来，我们已经知道我们生活的最伟大的冒险在于冒险的不存在……”

这句话很受欢迎，并且成为了一部法文小说的卷首题词。这句话所表达的看法和它的句式一样圆滑，它的优点是能够让反对它的人不知所措，同样也让赞成它的人不知所措。如果模仿那位哲学教授的话，就可以这么说：这句话所表达的最重要的看法在于看法的不存在。

几年以后，米兰·昆德拉在《被背叛的遗嘱》里旧话重提，他说：“……这不过是一些精巧的混账话。当年，70年代，我在周围到处听到这些补缀着结构主义和精神分析残渣的大学圈里的扯淡。”

还有这样的一些看法，它们的存在并不是为了指出什么，也不是为说服什么，仅仅只是为了乐趣，有时候就像是游戏。在博尔赫斯的一个短篇故事《特隆·乌尔巴尔，奥尔比斯·特蒂乌斯》里，叙述者和他的朋友从寻找一句名言的出处开始，最后进入了一个幻想的世界。那句引导他们的名言是这样的：“镜子与交媾都是污秽的，因为它们同样使人口数目增加。”

这句出自乌尔巴尔一位祭师之口的名言，显然带有宗教的暗示，在它的后面似乎还矗立着禁忌的柱子。然而当这句话时过境迁之后，作为语句的独立性也浮现了出来。现在，当我们放弃它所有的背景，单纯地看待它时，就会发现自己已经被这句话里奇妙的乐趣所深深吸引，从而忘记了它的看法是否合理。所以对很多看法，我们都不能以斤斤计较的方式去对待。

因为“命运的看法比我们更准确”，而且“看法总是要陈旧过时”。这些年来，我始终信任这样的话，并且视自己为他们中的一员。我知道一个作家需要什么，就像但丁所说：“我喜欢怀疑不亚于肯定。”

我已经有十五年的写作历史，我知道这并不长久，我要说的是写作会改变一个人，尤其是擅长虚构叙述的人。作家长时期的写作，会使自己变得越来越软弱、胆小和犹豫不决；那些被认为应该克服的缺点在我这里常常是应有尽有，而人们颂扬的刚毅、果断和英勇无畏则只能在我虚构的笔下出现。思维的训练将我一步一步地推到了深深的怀疑之中，从而使我逐渐地失去理性的能力，使我的思想变得害羞和不敢说话；而另一方面的能力却是茁壮成长，我能够准确地知道一粒纽扣掉到地上时的声响和它滚动的姿态，而且对我来说，它比死去一位总统重要得多。

最后，我要说的是作为一个作家的看法。为此，我想继续谈一谈博尔赫斯，在他那篇迷人的故事《永生》里，有一个"流利自如地说几种语言；说法语时很快转换成英语，又转成叫人捉摸不透的萨洛尼卡的西班牙语和澳门的葡萄牙语"的人，这个干瘦憔悴的人在这个世上已经生活了很多个世纪。在很多个世纪之前，他在沙漠里历经艰辛，找到了一条使人超越死亡的秘密河流和岸边的永生者的城市（其实是穴居人的废墟）。

博尔赫斯在小说里这样写道："我一连好几天没有找到水，毒辣的太阳、干渴和对干渴的恐惧使日子长得难以忍受。"这个句子为什么令人赞叹，就是因为在"干渴"的后面，博尔赫斯告诉我们还有更可怕的"对干渴的恐惧"。

我相信这就是一个作家的看法。

**同伴分享**

以下是你的同龄人在读完泛读资料后写下的思考。第一篇文章作者有感于文学主人公和自己内心产生的共鸣：霍尔顿让她看到了另一个"自己"，而孙光林又让她勇敢地"面对自己"，从中表达了阅读能"认识自我"的心声。第二篇文章作者有感于两位作家和自己内心产生的共鸣，这是一种人格魅力的吸引，是一种特殊的阅读力量。

## 一场认识自我的旅行

### 许清霞

我确定这次专题阅读是一场认识自我的旅行，因为我在主人公的身上看到了自己的影子。《麦田里的守望者》中的霍尔顿叛逆、愤怒，似乎看不惯身边的一切。同时他又是那样的迷茫，深陷于痛苦之中。或许他迷茫的原因与我们不同，但是我却能感同身受。我觉得自己就是霍尔顿，心中也有一处不为人知的地方，也许有时我选择刻意地去遗忘，但是读着文字中关于霍尔顿的种种，我心中的某些记忆在慢慢复苏，如同肆意生长的藤蔓。我忍不住思考自己究竟是一个怎样的人，那些隐藏于心底的秘密有时让我厌恶自己，有时让我觉得自己是那样渺小。但我又急切地想通过这样的一本书看到真实的自己，让阳光照进心中的黑暗角落。

《在细雨中呼喊》探究了人在成长过程中的、所有的温暖美好和所有失意破败。对于生活、世界、自我的未知，产生的恐惧，产生的小心翼翼，这些在回望的过程中，是那么的可笑，但是又是那么的不可空缺，我们也因此学会、因此完满"，所以不要畏惧去面对自己。为什么要害怕面对自己呢？那些痛苦或是难以说出口的记忆，在多年后看来也许只是平常。也许是青春让我脆弱，但是正是这些经历成就了现在的我；也许我远比自己想象的坚强，我终会慢慢地认识自己，这样就足够了。

我想正是他们在这些孤独的岁月中安静地陪伴我，让我进入自己的世界，不需顾忌他人的看法，只为找寻真实的自我，认识自我。我期待这次阅读真的能如我所愿——成为一场认识自我的旅行。

# 另一种力量

孙　尧

"一个不成熟男子的标志是他愿意为某种事业英勇地死去，一个成熟男子的标志是他愿意为某种事业卑贱地活着"，这不仅适用于霍尔顿，更是塞林格的写照。于是，尽管塞林格名扬世界，他还是毅然决然地选择了隐居。为了自己的原则，他拒绝了所有可能的巨额改编费：他拒绝为《麦田里的守望者》作续，只因霍尔顿已不在；他自觉自愿地选择离开，只因世界已不是原来的模样。能在"乱花渐欲迷人眼"中秉持"初心"，能够在"黄袍加身"后默默"拂袖而去"，这样的作家，我敬佩。

我的敬佩还源于另一位作家——余华的自白。余华在自我质疑和矛盾中写下了现实与虚构的交织。因为相信"命运的看法比我们更准确"，而且"看法总是要陈旧过时"，余华深切地指导一个作家需要什么，"干渴"纵然难以忍受，也敌不过源于"对干渴的恐惧"背后隐藏的可怕。尽管理性渐行渐远，即使思想变得害羞，但余华却能够准确地知道一粒纽扣掉到地上时的声响和它滚动的姿态。对我来说，这何尝不是一种阅读的力量？

无论作者还是读者，当我们发现自己深陷其中的世界与四周现实若即若离时，我们总会坚持着与众不同的准则，这难道不也是内心的一种丰富？就像塞林格认定的，内定生活对于我们非常重要。

如果文学真的是由那些柔弱同时又无比丰富和敏感的心灵创造的，那么我也想在心领神会后或者激动失眠时，体会那种远隔千里却仍然炽烈的热爱。

**精读:倾听花开的声音**

德国心理学家斯普兰格说:"没有谁比青年人从他们孤独的小房里,更加用憧憬的目光眺望窗外世界了,没有谁比青年人在深沉的寂寞中,更加渴望接触和理解外部世界了。"青春究竟是什么?是孤独中的守望,是叛逆中的成长,还是挣扎中的蜕变?这一课段我们将在文学主人公的故事里倾听他们成长的声音,用我们年轻的心灵去咀嚼青春的滋味。在这里,我们要阅读《麦田里的守望者》和《在细雨中呼喊》两部小说,以及两篇与原作相关的赏析、评论性文章,旨在探究文学主人公的形象特点,并理解文学作品所蕴藏的深刻内涵。

学习步骤如下:

第一,细读文本,通过文本分析,完成对主人公霍尔顿形象以及作品主旨的理解;第二,学习质疑,带着疑问阅读《解密〈麦田里的守望者〉主人公霍尔顿的文化意义》一文,进行"参读探究",以此完成对问题的深入思考;第三,自读《在细雨中呼喊》,进行阅读交流。

建议使用 15 课时。

# 一、细读《麦田里的守望者》

**学习任务**

1. 精读原作,把握作品结构、题旨以及重要语句的深刻含义。

2. 阅读《文本分析的三种方法》,并能运用一种方法进行文本分析。

## (一)素读原作

素读就是直接与书本素面相见。复旦大学陈思和教授说:"直面原作,就是以我们赤裸的心灵和情感来面对文学，寻找一种线索，来触动文学名著所隐含的作家的心灵世界与读者参与阅读的心灵世界之间的应和。"①也就是在不借助于别人的"解说和研究"下，对文本进行阅读。下面请你按照"小贴士"的内容，细读原作，写下自己的阅读感受和思考。

> **如何细读"原作"**
>
> 一、对原作整体的把握：1. 把握结构，理清顺序；2. 关注线索，揣摩层次；3. 知人论世，知晓主旨。
>
> 二、对原作语言的把握：1. 抓住原作文本细节、重点、遣词造句等的理解，尤其是对重要语句的理解；2. 明确其语境意，辨别感情色彩，推想原作的思想内涵。

**小贴士**

### 同伴分享

以下是你的同龄人从语言层面出发，对原作进行的细读，有感受，有思考，还有质疑的声音，也许稚嫩，但却是年轻的心灵与经典文学初逢时迸发的灵感，特别美丽，也弥足珍贵。也请你拿起笔来写一写吧。

第五章：公共汽车司机开了门，要我把雪球扔掉。我告诉他说我不会拿它扔任何人，可他不信。人们就是不信你的话。

不得不惊叹塞林格在这本书中把霍尔顿塑造得多丰满。"就是"两个字不仅使语气加强了，同时也生动地刻画出霍尔顿心中对社会、对这个复杂的成人世界的讨厌。他的潜意识里清楚地知道或者说是认定人们不会相信他的，可还是抱着希望去解释，直到又听到那意料之中让人失望的回答，于是就安慰自己："人们就是不信你的话。"由此可见，这个少年心中的失望与无奈。

第七章：我拿了手提箱什么的准备动身，还在楼梯口站了一会儿，顺着那条混账走廊望了最后一眼。不知怎的，我几乎哭了出来。我戴上我那顶红色猎人帽，照我喜欢的样子将鸭舌转到脑后，然后使出了我的全身力气大声喊道："好好睡吧，你们这些窝囊废！"

此刻我所看到的霍尔顿是他内心深处的自我。他终究还是将对潘西那种又爱又恨、欲走又觉不舍的心情表现了出来，这样的霍尔顿是矛盾的，也是

---

① 陈思和．中国现当然文学名篇十五讲．北京：北京大学出版社，2003：11.

最真实的。

第二十章：我不知道为什么哭，可我的确哭出来了。我揣摩那是因为我觉得他妈的那么沮丧、那么寂寞。

他终于还是承认了自己内心是寂寞的。有时候，他与这个世界格格不入，没人理解、无处诉说，堆积了一肚子的苦水。有时候我也会这样，会回到自己的小世界；突然有一天承受不住了，就会莫名其妙地哭出来。虽说莫名其妙，但实际上是原因太多，因积压而无处诉说。

第二十四章：一个不成熟男子的标志是他愿意为某种事业英勇地死去，一个成熟男子的标志是他愿意为某种事业卑贱地活着。

先不管在翻译成中文后意思是否变味，看起来好像有道理，但似乎又有些无厘头。难道界定一个人是否成熟就只有这一个标志吗？难道卑贱地活着就成熟了吗？难道英勇地死去就不成熟了吗？我觉得不一定吧，凡是都不能以偏概全。

## (二) 学会分析

文学阅读一定要从文本的表层深入到文本的深层，从而发现那些不为普通阅读者所把握的深层意义。请同学们阅读《文本分析的三种方法》，然后联系原作，围绕霍尔顿的形象特点展开分析。

### 文本分析的三种方法[①]

阅读小说，应该避免阅读过程中有可能产生的四种弊端：主题诠释倾向（单一性）、脱离文本倾向、多元解读倾向（任意性）、多媒体倾向。为了更好地走进文本，我们需要掌握并运用适当的方法。

1."新批评"细读法。"新批评"是英美现代文学批评中最有影响的流派之一，采用对作品作详尽分析和解释的批评方式。阅读时要捕捉文学词句中的言外之意、暗示和联想等，对作品作详尽分析和解释。例如，霍尔顿的口头语"他妈的"。操作如下：首先了解词义，然后理解语境，最后把握修辞特点。

---

① 本文根据"吴泓工作室的博客"文章《和学生一起读鲁迅（准备篇 1）：文本解读方法介绍》改编。

2."叙述学"分析法。阅读时要关注一个故事是如何通过叙述被组织起来，成为一个统一情节结构的。具体阐释为：叙述主体是谁？是用什么样的视角和叙述态度（叙述人的声音）叙述的？叙述是在怎样的时间和空间展开的？叙述结构（叙述线索、情节安排、叙述序列）有什么特点？

3. 符号分析法。符号是指代指某事物的字词或短语，而这个字词或短语又暗指了其他事物或者抽象的事物和意义。例如，《麦田里的守望者》中的色彩符号红色、白色，事物符号浅水湖、野鸭、红猎帽、头发，文化符号潘西中学，人物符号霍尔顿、艾里、菲苾等。

**同伴分享**

下面两篇文章是你的同龄人在文本细读后写成的小文章，第一篇文章用"新批评"细读的方法，抓住对人物的细节描写，来剖析人物的内心世界；第二篇文章则用"符号分析法"分析文本，思考"红猎帽"的象征意义，以及它与霍尔顿内心的关联。如此，对人物的把握就更宏观和立体了。

## 霍尔顿双重人格分析

甄 汝

每个人体内都有两个自我：一面善，一面恶。两种性格同时存在，若是这两个自己不起争执，那么也许一生能够平静地过完；然而若是这两个自己起了斗争，愈演愈烈，那么很容易就会造成所谓的人格分裂。霍尔顿——一个十六岁的少年，在两天两夜的混沌的流浪中，他忍受着两个自我的相互侵占与折磨。

霍尔顿是一个五门考试有四门不及格最终被学校开除的"坏学生"。他满口脏话，对老师的劝导毫不理会，优哉游哉地做自己想干的事情，像一个"混混"。但在他的学校生活中，似乎找不出一个是与他交心的朋友。尽管同宿舍的人与他互开玩笑，但真正意义上来说他生活在热闹的孤独中。还记得他转来转去的鸭舌帽，打架逗趣时鸭舌转到前面，心情愉快时转到脑后。这样的小细节中，不难看出有两面的他：一面真实，一面伪装。霍尔顿说过："学校越贵族化，里面的贼也越多。"在他眼中，学校里的学生大约都是趋炎附势的，因此他也很愿意离开。"好好睡吧，你们这些窝囊废！"离开时的这一句吼，吼出了他对这个学校的不满，对同学的蔑视。

霍尔顿的离开并不是回家，而是在繁华的纽约流浪，找寻他所谓的真实。文章中数次提到霍尔顿想要给喜欢的女孩——琴打电话，而每一次，他都没有打过去。照他的说法，琴与他的关系甚好，那为什么他连一次电话都不敢打呢？

霍尔顿是一个懦弱的人。文中有一个情节，讲他在回宾馆的路上，想象自己手套被偷走后的场景。他想象与小偷的谈话，自己是胆小的。他评价自己"这确是种可笑的胆小，不过照样是胆小，一点不假"。于是在紧接着的情节里，当被开电梯的毛里斯和妓女合伙敲诈时，他只会哭喊而不会反抗。他想象自己是一个受了枪伤的人，拿着枪，将毛里斯击毙。只有在想象之中，他才有勇气。在胆小和勇敢之间，似乎有一道无法逾越的障碍，致使这两种对立矛盾的性格交替撕扯着他的思绪，使他越来越走向迷失。在这种懦弱之下，霍尔顿选择通过烟和酒来排解自己的情绪。还有一种方式，就是想象。在酒吧里，霍尔顿想象自己是一个受了伤的人，他不愿意让别人知道自己是一个"婊子养的"。由此看来，这样的想象更是意味着一种消极的逃避心理。他宁愿自己承受痛苦也不愿与他人交流，比如上面提到与琴的联系。正是缺乏与他人沟通的能力，才会使霍尔顿有这样消极的性格，使他与这个社会格格不入。

尽管霍尔顿那么叛逆，但他依旧有善良的一面。面对修女，这个满口脏话的孩子变得那么知书达理，心怀善意，甚至捐了十块钱。要知道，之前被敲诈五块钱时，他是那么地拼死反抗。对于家庭，霍尔顿也有自己关心的方式。他不愿意母亲知道自己被开除的消息，也是怕母亲听到后身体吃不消。但他不善于去表达这样的善意，致使别人认为他不回家只是因为他的叛逆。

霍尔顿向自己的妹妹菲苾付出了超乎所有人的关怀与温柔。也许在这个家中，只有妹妹是最理解他的内心的人，也只有面对妹妹时，霍尔顿才能没有顾忌地表达出自己的内心。他告诉妹妹自己对学校的看法、自己的梦想。这样的霍尔顿是在别处看不到的，他善良纯真，是一个与正常人没有什么两样的心怀梦想的少年。

文中霍尔顿一直寻找的鸭子就象征着他善良的本真。他不断地寻找，但希望却在最终亲眼看到那空空的湖时全部落空。这对他的打击应该很大，就像自己坚信很久的事情被证实是错误的那样，霍尔顿沉沦于虚幻与真实的边缘。

"大概我长期不变的在做'表我'，那就像，只要你想，你可以把手一直穿过我那般，对比现实中的我，我都不知道自己想要成为怎样的人。"《双重人格》中的这句话让我想到了霍尔顿，他在自认为假模假式的社会中迷失，不知道自己究竟要成为怎么样的人，就像他复杂多面的性格一样，纠结。

从文章开头和结尾处"不得不离家到这儿来休养一阵""特别是他们请来的那个精神分析医生"可以推测出，在经历了两天两夜的流浪后，霍尔顿终究还是没有离开这个假模假式的社会，而是留了下来，被安置在疗养院里。从他的话中可见似乎所有人都认为他得了精神上的毛病，而他自己又不觉得自己有毛病。他人的想法与霍尔顿自己的想法形成矛盾，也使得他对自己的认识产生怀疑。

在我看来，霍尔顿在性格方面上出现的迷失源于这个假模假式的混沌的社会，是社会造就了他的双重人格，造就了一个迷失了自我的霍尔顿。

## 红猎帽的象征意义

徐云娇

文章曾 16 次提到这顶仅一美元的红色猎帽，它不仅是帽子，更是主人公霍尔顿内心情感表达与变化的借代物。猎帽意义的渐渐改变，就是霍尔顿内心成长的过程。

为什么猎帽是红色的，为什么不买其他颜色的呢？在中国从古至今，红色一直都是喜庆、欢乐的代表，但在西方国家并非如此。在那里，红色是血，是火，是战争与残暴的象征；还有一个意义，那就是紧张与激进，红色革命大概就是这个意思吧。面对父亲读名校、开凯迪拉克的"见鬼"价值观，虚伪的同寝同学，见到有钱人就摇头摆尾的哈巴狗校长，为人师表却私下给同学传播性知识的老教授，霍尔顿是愤怒的，他想用火烧掉这一切污秽不堪的人与事，想像革命一样，反抗这一切。除了它的颜色，接下来就是猎帽的样子和霍尔顿戴的方式了："那是顶红色猎人帽，有一个很长、很长的鸭舌……只花一块钱买了下来。我戴的时候，把鸭舌转到脑后——这样戴十分粗俗，我承认，可我喜欢这样戴。我这么戴了看去挺美。"既然霍尔顿说他承认那样戴很粗俗，为什么还喜欢？其根本在于与众不同。一美元的猎帽并不仅限于一美元的价值，它有非凡的意义与价值。这样的猎帽给了霍尔顿一个表达内心的机会，表达了他不同常人的气愤与不满，他不同常人的秉性与反抗。霍尔顿喜欢的红色与不同的反戴方式，赋予了猎帽全新的含义。从猎帽离开橱柜，它不再只是猎帽，而是象征着霍尔顿的反抗意识。

可是面对强大的社会，渺小的霍尔顿除了竖起他反抗的旗帜外，在实质上毫无反抗能力。于是霍尔顿渐渐地丧失了反抗的意志，取而代之的是懦弱与逃避。"我当时干的，是把我的猎人帽鸭舌转到前面，然后把鸭舌拉下来遮住自己的眼睛。这么一来，我就什么也看不见了。"霍尔顿就好像是那掩耳盗铃的小贼，不过是在自欺欺人罢了。他只是用这种方式逃避众人，隐藏自己。"我的耳朵倒挺暖和。我买的那顶帽子上面有耳罩，我把它放下了。""你甚至都不知道天已经下过雪了。人行道上连雪的影儿都没有。可天气冷得要命，我就从衣袋里取出我那顶红色猎人帽戴在头上……我甚至把耳罩都放了下来。"在凛冽的寒风中，帽子挡住了寒风，更隔离了心中的寒。社会的浊风从四面八方吹来，冻住了霍尔顿的手脚，可猎帽就像保护层一般，护住了霍尔顿心中犹存的意志。此时此刻，猎帽是他的保护层，也象征了他的逃避与懦弱，以及敏感的心灵。

"嘿，我依旧冷得浑身发抖，我头上尽管戴着那顶猎人帽，可我后脑勺上的头发都结成一块块的冰了。"猎帽这层保护膜护得了霍尔顿一时却护不了一世，此时猎帽已经开始失去了保护层的作用，社会的寒冷已冻住了他的头发。霍尔顿是不安的，于是他回了家，也许那个天真纯洁的妹妹可以给她一丝安慰。"我还是走的好……随后我从大衣袋里掏出我那顶猎人帽送给她。"自己已受社会虚浮的侵蚀，但他不希望心爱的妹妹也如此。此时的猎帽寄托了哥哥对于妹妹的关爱，象征着爱与奉献，更体现了霍尔顿渴望守望本真的愿望。

一切经历，在雨中得到最后的结果。"我身上都湿透了，尤其是我的脖子上和裤子上。我那顶猎人帽在某些部分的确给我挡住了不少雨，可我依旧淋得像只落汤鸡。不过我并不在乎。突然间我变得他妈的那么快乐。"终于霍尔顿豁然开朗，他回到了家中接受治疗，这并不是妥协，而是勇敢地面对。那场大雨就如同当头一棒，敲醒了霍尔顿。人都会有懦弱的情感，但有人畏缩不前，有人大胆迈步。霍尔顿已经不需要猎帽了，他已经可以靠自己面对一切。与此同时，猎帽失去了一切意义，似乎成为了普通甚至粗俗的帽子，其实不然。它只是完成了它的使命，它即霍尔顿。有时失去不是忧伤，而是一种美丽。猎帽失去意义之时，也正是霍尔顿得到成长这笔财富之时。

成长的过程，就是面对、了解、融入这个虚伪的世界。霍尔顿做到了，当猎帽被赋予反抗的意义，当猎帽成为保护层的那一刻，当猎帽被寄以一个哥哥的心愿时，当猎帽失去这些意义回到最初的一步步，都是霍尔顿成长的过程。列夫·托尔斯泰说过，"人类被赋予了一种工作，那就是精神的成长"。所以，红色猎帽之于霍尔顿最终的意义，那就是成长。

# 二、探究《麦田里的守望者》

**学习任务**

1. 研读《请别让我消失》，质疑提问。

2. 参读专家、学者的评论，联系原作，围绕质疑点和兴趣点展开探究。

## （一）精进思考

高中生由于认知的局限，认识很难达到深入，这时候有必要借助于专家、学者的评论来碰撞思维、精进思考。请你按照"小贴士"的内容，研读《请别让我消失》，写下自己的质疑。

**如何研读专家、学者的评论文章**

**小贴士**

一、整体上把握主要内容和结构思路

1. 能确定并找到文章中表达主题思想的关键句，能确定并提取文章的主要观点。

2. 找到支持这些观点的材料，并能认识到支持这些主要观点的材料与观点之间的联系。

二、仔细研读

可以通过如下提问的方式来研读文本：

1. 什么是解读者的论题？

2. 什么是解读者的结论？

3. 支持解读者的结论的论据（理由）是什么？

4. 解读者的论据的可信度有多大？

5. 解读者的价值观（价值取向）与原作者所要表达的价值观（价值取向）有冲突吗？

6. 什么结论才是可信的、合理的？等等。

# 请别让我消失①

刘　瑜

霍尔顿如果不是个少年，而是个中老年人，那他可真烦人。《麦田守望者》里的这位主人公，看什么都不顺眼。他讨厌学校，讨厌同学，讨厌父母。他甚至讨厌那些喜欢说"祝你好运"的人，以及那些说"很高兴认识你"的人，以及在钢琴演奏中瞎鼓掌的人。他当然还讨厌数学物理地理历史以及除了写作之外的一切学科。一个甚至无法从学习中得到乐趣的人，可真烦人。

关键是他的痛苦也没有什么"社会根源"。生活在他的时代和国家，他既不能抱怨"扭曲人性的专制社会"，也不能抱怨"愚蠢的应试教育"，他只是用鸡毛蒜皮的方式讨厌着那些鸡毛蒜皮的事情而已。

但这一切唧唧歪歪，都可以以"无辜少年反抗压抑的社会秩序"的名义而被宽容，甚至被喝彩——据说后来美国有很多青少年刻意模仿霍尔顿——因为他是个少年。在青春的掩护下，颓废是勇气，懒惰是反抗，空虚是性感。有一段时间甚至有人为此类文艺作品起了个类型名称，叫做"残酷青春"。简直没有比这更无赖的词了：什么叫残酷青春？老年残不残酷？残酷到人们都懒得理会它的残酷。童年残不残酷？残酷到孩子们都无力表达它的残酷。更不要说倒霉的中年，残酷到所有人的残酷都归咎于它的残酷。所以说到残酷，青春哪有那么悲壮，简直可以垫底。

但也许《麦田守望者》并不仅仅是一部青春小说。它是关于一个人在看透人生之注定失败后如何说服自己去耐心地完成这个失败的小说。小说里，中学生霍尔顿想：好好学习是为什么呢？为了变得聪明。变得聪明是为什么呢？为了找到好工作。工作又是为什么呢？为了买卡迪拉克。买卡迪拉克又是为什么呢？天知道。

当然他可以追求别的：知识、文学、音乐、和心爱的人坐在床边说话，以及思考"中央公园的鸭子冬天上哪儿去了"。但是，追求这些，他就远离了愤怒，而愤怒——只有愤怒——是感知自我最快捷的方式。

其实仔细想想，霍尔顿面对的"社会"并没有那么可恶。无论是室友、女友或老师，似乎都不是什么黑暗势力，只是一群"不好不坏"的人而已。如果

---

① 刘瑜.请别让我消失.阜新晚报，2016-04-19（A7）.

作者以第一人称写他们，也许会是一个一模一样的故事。但这个社会最糟糕的地方，也许恰恰是它甚至不那么糟糕——这些不好不坏的人，以他们的不好不坏，无情剥夺了霍尔顿愤怒的资格，而愤怒——至少愤怒——是一个人感知自我最快捷的方式。

其实满世界都是霍尔顿。16岁的霍尔顿，30岁的霍尔顿，60岁的霍尔顿。他们看透了世界之平庸，但无力超越这平庸。他们无力成为"我"，但又不屑于成为"他"。他们感到痛苦，但是真的，连这痛苦都很平庸——这世上有多少人看透人生之虚无并感到愤怒，而这愤怒早就不足以成为个性、不足以安慰人心。事实上自从愤怒成为时尚，它简直有些可鄙。

所以《麦田守望者》最大的悖论就是逃跑。一方面，霍尔顿渴望逃到西部，装个聋哑人，了此一生；但是另一方面，他又想做个"麦田守望者"，将那些随时可能坠入虚无的孩子们拦住。整个小说里，最打动我的不是关于"麦田"的那段经典谈话，而是另一幕：霍尔顿经过两天的游荡已经筋疲力竭，过马路的时候，每走一步，都似乎在无限下沉，然后他想到了他死去的弟弟艾里。他在心里对艾里说：亲爱的艾里，别让我消失，别让我消失，请别让我消失。

《从头再来》里，崔健唱道：我想要离开，我想要存在。在同一首歌里，他又唱到：我不愿离开，我不愿存在。

我想霍尔顿也许不是真的愤怒，他只是恐惧。他只是对自己的虚空人生感到恐惧，而出于自尊心，我们总是把恐惧表达成傲慢。他还热爱小说呢，他还热爱音乐呢，他还热爱小妹妹菲比①脸上的笑容呢。最后霍尔顿之所以没有去西部，也许并不是因为软弱，因为就算到了西部，也得找工作，也得去超市买1块钱3斤的土豆，身边还是会有无数喜欢说"很高兴认识你"和"祝你好运"的人。与其到远方去投靠并不存在的自由，不如就地发掘生活中那尚可期待的部分——小说、音乐和小妹妹的笑容，善待因为迷路而停落到自己手心的那一寸时光，等那个注定的失败从铁轨那头驶来时，闭上眼睛，呼拉，干净利落地消失。

### 同伴分享

你的同龄人在本阶段的阅读后提出了如下质疑，请在你关注的问题前打

---

① 通译作菲苾。

"√"，如果没有请另外提出问题，然后围绕这个问题自行查阅资料，并写下你探讨的结果。

1. 文章中说："关键是他的痛苦也没有什么'社会根源'。生活在他的时代和国家，他既不能抱怨'扭曲人性的专制社会'，也不能抱怨'愚蠢的应试教育'"，难道痛苦的根源只有"专制社会"和"应试教育"吗？

2. 霍尔顿的理想是"做一个麦田里的守望者"，那么他到底是想让那些正在成长的幼苗冲出当时社会圈子的重围，还是想禁锢他们在自己臆想的那个美好的未来里？他究竟要守望什么？

3. 文章说："他们感到痛苦，但是真的，连这痛苦都很平庸——这世上有多少人看透人生之虚无并感到愤怒，而这愤怒早就不足以成为个性、不足以安慰人心。事实上自从愤怒成为时尚，它简直有些可鄙。"该如何看待霍尔顿的痛苦与愤怒呢？真的不足以"快慰人心"、有些"可鄙"吗？

4. 文章说"关键是他的痛苦也没有什么'社会根源'"，怎么会没有社会根源呢？因为每一个个体的成长都离不开环境的影响，霍尔顿究竟生活在怎样的社会中呢？

## (二) 深入探究

通过研读专家、学者的文章，我们对原作的理解，无论是在思考的深度上还是广度上都会有新的推进，与此同时，我们可以用"参读法"解决问题，实现深入探究。

### 如何运用"参读法"

小贴士

这里有可能会遇到两种情况：

1. 专家、学者的观点和读者的观点是一致的，那么读者可以参读专家、学者的论述，来完善自己的论证。

2. 专家、学者的观点与读者的观点是不一致的，那么读者要思考：专家、学者的观点是从那个角度提出的？从哪些方面展开论述的呢？为什么没有让你信服？你打算从哪些方面展开论证呢？……带着这样的思考继续阅读原作，在不断地阅读与思考、思考与阅读的良性循环中，完成了对问题的深入探究。

例如，你的同龄人在本阶段的阅读后，对"霍尔顿矛盾性格产生的原因"有了浓厚的兴趣，于是上网搜索到了《解密〈麦田里的守望者〉主人公霍尔顿的文化意义》这篇解读文章。请你阅读此文，再读原作，写下你对这一问题的思考，以及你从中所体会到的霍尔顿丰富的内心世界。

## 解密《麦田里的守望者》主人公霍尔顿的文化意义[①]

### 李 敏

《麦田里的守望者》的故事梗概几乎像每天媒体上都能读到的故事一样简单：一个被学校开除的问题少年，混迹于纽约街头，一天两夜的时间，花了一些钱，抽了几包烟，好像也没有什么特别的际遇，一不留神却成了"现代经典"。很多资料显示，在 20 世纪中期，小说一出版，就受到美国社会的追捧，校园里随处可见对小说主人公霍尔顿的模仿——身穿风衣，倒戴红色鸭舌帽，学着霍尔顿的言语动作。时过境迁，追捧风早已如云烟消散。然而，作为一个成功的文学典型，霍尔顿的文化意义尚待进一步认识。

### 一、霍尔顿的时代特色

从来就是这样，流行的东西容易被误读。霍尔顿的身上有着他那个时代太多的时尚色彩。20 世纪 50 年代，轰轰烈烈的第二次世界大战已经成为过去，金戈铁马不再，生活的平淡、单调给一向自由奔放的人们以莫名的压抑。年轻人作为最具有活力的族群，总是较早较强感觉到了时代的苦闷。年轻就是一种代价。战后的平静生活，凸显出人生的琐屑。无论是被人称之为"静寂的年代"，还是"怯懦的时代"，最受折磨的总是成长着的人们。所以往往就是这一族最具有颠覆精神。霍尔顿的出现，从着装到谈吐，从行为到精神，对他那个时代都是一个彻底的颠覆。学生们竞相模仿丝毫不奇怪。有人斥之为坏孩子也不奇怪。张口闭口"他妈的"，厌恶学习，抽烟酗酒，与女人鬼混，人们怎么可能将其视为好孩子呢？人们从具体生活的角度来解读文学是可以理解的，评论家应该还有另外的责任。如果也把霍尔顿看作"垮掉分子的代表"，甚至认为他垮得还不够，还不到吸毒、群居的地步，对人物的理解就未免失之简单了。其实，只要穿过霍尔顿的时尚色彩，再向前走一步，就接近人物的本质了。霍尔顿为什么就不能正儿八经地讲话呢？他为什么要抽烟酗酒、与女人鬼混呢？他很在意父母的感情，也知道父母希望他做的事情。然而，他却做着另外的事情。这是一种痛苦的放纵。所以，他与周

---

① 李敏. 解密《麦田里的守望者》主人公霍尔顿的文化意义. 中国图书评论，2010-01-29.

围的环境和人物始终都处在一种格格不入的对峙、紧张关系中。这种对峙、紧张表现在人物的语言、行为和心理上就是一种变异反应。

小说刚刚开始，当霍尔顿爬到汤姆孙山上，站在"那尊曾在独立战争中使用过的混账大炮旁边"看赛球时，就已经能感觉出他对待历史的态度了，即使是曾经令人骄傲的独立战争，在他心中也已经完全失去了分量。后来，他走进老斯宾塞家里，塞林格这样写道："房间里到处是丸药和药水，鼻子里只闻到一股维克斯滴鼻药水的味道。这实在叫人泄气。我对生病的人反正没多大好感。还有更叫人泄气的，是老斯宾塞穿着件破烂不堪的旧睡袍，大概是他出生那天就裹在身上的。我最不喜欢老人穿着睡衣裤和睡袍。他们那瘦骨嶙峋的胸脯老是露在外面。还有他们的腿。老人的腿，常常在海滨之类的地方见到，总是那么白，没什么毛。"这种药水味和旧睡袍、瘦骨嶙峋的胸脯伴随着老斯宾塞重复出现了几次，给人一种垂死没落的感觉。所有这些，都表现了霍尔顿对英雄式的历史和僵死的东西急于摆脱的心情。年轻的生命对自由成长的追求往往是不加掩饰的，这可以理解。问题是霍尔顿在割断与历史的连接同时，对世俗生活中人们顶礼膜拜的耶稣肆意嘲弄，从而使霍尔顿陷于历史和来世的双重断裂之中。可以说他放逐了自己。人类就是这样，可以为历史献身，也可以为未来苦修。一旦这两者不再存在，生活就只是生活了。仅仅生活在现世中的人们，忍受痛苦的能力肯定会大大降低。我相信人类忍受痛苦的能力指数与人们生活的幸福指数是密切相关的。很难想象缺乏忍受痛苦能力的人会生活幸福。我们从精神无所依傍的霍尔顿的放纵中能够感觉到那种无以名状的痛苦和神秘不定的恐惧。当放纵成为痛苦的时候，放纵就已经具有了特别的意味。说粗话、抽烟、酗酒、与女人鬼混，其实构成了霍尔顿焦虑、恐惧的特别语言。纽约成了一个现世生活的象征，割断了历史与未来联系的霍尔顿游荡在纽约街头如同掉进了一个渊薮，一座孤岛，他很多时候"简直不知道自己对什么感兴趣"，"永远找不到一个舒服、宁静的地方"。对于垮掉的人来说，纽约无疑是他们放纵的天堂。霍尔顿显然是一个例外。纽约不属于他，所以他要逃离。其实，小说开始的时候，他已经到了西部。整个小说只是"去年圣诞节前所过的那段荒唐生活"的回顾。塞林格将其视为"守望者"是别有一番意味的。我们不妨把霍尔顿的回顾看作是一种守望。

## 二、霍尔顿的心理分析

这其实是一种醒来无路可走的文化自觉。他不愿重复前人的生活，急着开始自己的生活，可又不知道自己的生活应该是什么样的，但他朦胧感觉到自己的生活不应该是当下这个样子的。这种痛苦在人类的某个阶段总要出现，像宿命一样摆脱不掉。和哈姆莱特王子"活着还是死去"的苦痛应该同源，只不过表现形态不同而已。所以，在霍尔顿玩世不恭的背后总能感到紧张和不安定的东西。他在烦闷得要命，甚至都没法思索的情况下，把妓女召了过来。然而，当事情真的要发生时，他守住了底线。刚才还在为自己召妓找借口，"这倒是我最好的一个机会。我揣摩她既是妓女，我可以从她那儿取得一些经验，在我结婚后也许用得着。"面对急着解衣上床的桑妮，他的心理截然不同了，"我觉得自己真不能跟一个整天坐在混账电影院里的姑娘干那事儿。我觉得真的不能。"面对垮掉的机会最终没有垮掉，其中隐伏着紧张的玄机。这个玄机构成了霍尔顿人物性格的本质。

在小说的第十五章里，有一大段霍尔顿与两个修女对话的场景。整个场景轻松愉悦，色调明快。这在全书中很少见。他们探讨了文学，还具体谈到了《罗密欧与朱丽叶》里的人物。在平时霍尔顿是很不喜欢与人谈论文学的，视之为令人作呕的事情。他们甚至还谈到了那所最让他恼火的学校。谈话进行得轻松愉快，霍尔顿还向修女捐了钱。关键是事情过后霍尔顿"心里老是想着那两个修女"。这里透露出作者的宗教情结。与上帝使者的交谈使霍尔顿心火退去，在静观中默思进退。"我老是在想象，有那么一群小孩子在一大块麦田里做游戏。几千几万个小孩子，附近没有一个人——没有一个大人，我是说——除了我。我呢，就站在那混账的悬崖边。我的职务是在那儿守望，要是有哪个孩子往悬崖边奔来，我就把他捉住——我是说孩子们都在狂奔，也不知道自己是在往哪儿跑，我得从什么地方出来，把他们捉住。我整天就干这样的事。我只想当个麦田里的守望者。"霍尔顿是一个自由过的人，他知道哪里是悬崖绝境。他决不会像他的父辈那样絮絮叨叨绊住孩子们自由的脚步，他只是在悬崖边像一块立在那里的警示牌默默守护。修女为上帝服务，霍尔顿为孩子们服务，这应该也是一种皈依。

鲁迅在 1919 年写过一篇《我们现在怎样做父亲》，里面有一个父亲的形象："自己背着因袭的重担，肩住了黑暗的闸门，放他们到宽阔光明的地方去；此后幸福的度日，合理的做人。"那种牺牲自己成全别人的决绝，透着我不下地狱谁下地狱的悲壮。相比之下，霍尔顿少了"父亲"与黑暗同归于尽的英雄情怀，只能无奈地苟活，情怀已属末路。这除去时代的差异外，还有着民族精神气质的不同。中国人是一个最不擅躲避的族群，从来就不缺乏同归于尽的气概，古来就有"与汝偕亡"的传统。

### 三、"垮掉的一代"问题在今天依然存在

霍尔顿的焦虑直到今天仍然困扰着人们。在他的身后，"垮掉的一代"垮掉了，一代又一代也翻过去了。问题依然存在，而且愈演愈烈。更令人担忧的是已经很少有人有能力再来关心这一类问题了。现实生活的喧闹和华丽完全分散了人们的注意力，潜行的欲望和各色各样的感官刺激已经搭上时代快车。如果说当年生活的压迫曾经使霍尔顿感到恐惧，今天的人们几乎已经渐渐爱上了压迫，因为这种压迫往往以花样不断翻新的娱乐面孔出现。人们实在难以抵抗它的诱惑。赫胥黎在 1932 年写过一部科幻小说《美丽新世界》，他在书中预言：汪洋如海的信息将会使人类变得被动自私，真理将被淹没在无聊烦琐的世事中，人类将会毁于他们热爱的东西。历史已经证明，有些预言最终总能够成为事实。但愿赫胥黎的话是妄言，霍尔顿的"守望"能最终结出果实。

**同伴分享**

本文从更多的角度来思考"霍尔顿矛盾性格形成的原因"。带着文章给予的启示，重读《麦田里的守望者》，你将对霍尔顿的内心世界有更进一步的挖掘，并较为深刻地把握霍尔顿悲剧的根源。

## 论霍尔顿挣扎的原因

#### 王佳森

挣扎，即尽力支撑或摆脱。在品读完《麦田里的守望者》之后，我脑海里仅剩的一个词语就是"挣扎"。若要把全书简单地加以囊括，大抵这两个字最为合适。众所周知，霍尔顿最终向社会妥协未去西部，而《麦田里的守望者》开篇的他却是胸中充满了叛逆之情，一天两夜的纽约之行是造成巨大反差的直接原因。其间，霍尔顿始终处于思维上的混乱挣扎之中。本文拟探讨霍尔顿缘何而挣扎。

首先，这是病态社会所引起的。20 世纪后工业时代的美国处在一个复杂的位置上——就国际而言，冷战的压力逐步增大；就国内而言，"二战"后迅

速提高的生产力使得人们精神生活缺失、道德沦丧。因而，人们普遍精神萎缩，人性的丑恶得以充分暴露，霍尔顿也恰逢此时被浸润在社会的大染缸中，欲逃脱其中却深陷不得自拔。细数全书芸芸，迂腐之老师、酒肉之朋友、虚伪之女性、隔阂之父兄等，无一不在潜移默化地影响着霍尔顿纯真的思维，表面淡然的背后其实是自己在蹚入深渊以致无果而终。

其次，是霍尔顿本身病态的人格所致。病态，人之不正常表现也。初读《麦田里的守望者》时我便提出霍尔顿的"病态说"，只是书尚未读精，加之众人的反驳，一度也曾对这种观点产生犹豫。真理总是阻碍重重，但不断地深刻阅读加深了我对"病态说"的肯定。霍尔顿曾说读书只是为了"将来可以买辆混账凯迪拉克"，又曾说"我对汽车甚至都不感兴趣。我宁可买一匹混账的马"。看得出霍尔顿的追求并非物质利益，然而当时美国乃处于物欲横流的发展时期，人们对世俗的价值观普遍建立在物质基础之上，精神并不为人所重视。这是矛盾的关键点，也就是"既有之未然"的"挣扎"，简单来说，就是霍尔顿精神上缺少符合他的归属地，从而变得孤独而被社会排斥。在社会大流的层面上来讲，霍尔顿确实是病态的，他在不适合的时代里做出了不适合的举动。

另外，猎帽、鸭子在我看来其实都只是霍尔顿寻求依托的载体，所谓的"另一个霍尔顿之说"值得商榷。猎帽即霍尔顿寻求精神潮流上的线索，鸭子则是霍尔顿关心自然生态的线索。好笑的是，霍尔顿在这两方面都没得到成功。猎帽根本就不是社会的潮流，而出租车司机也不关心鸭子的行踪。这从侧面反映了人们的价值观与世界观，在那个时代里，人们独独关心物质上的平衡，在精神和自然环境方面都没有涉及。因而，我们可以得出这样一个结论：霍尔顿之所以挣扎的根本原因是找不到归属。他并不是没有寻求融入社会，而是根本融不进去，从而停滞在了入世与出世的边界线，也就是说陷入了莫名的挣扎之中。

最后，霍尔顿难以逃离物质与思维的基本矛盾。霍尔顿不停地以讨取欢心来换得关爱，诸如修女的捐款、女郎的邀请、室友的论文等。全书末提及"你只要一谈起，就会想念起每一个人来"，虽然他满嘴脏话，但幻想的背后也藏着自我矛盾的光明面。"麦田里的守望者"这个愿望本身就很好地诠释了霍尔顿内心的纠结。霍尔顿在外界得不到庇护而迷失自我的时候，他自动地构建了理想中的归属地，"麦田"的存在其实是为了缓和他与世俗之间不可跨越的鸿沟般的矛盾。这也就是我讲的"未有之超然"的"挣扎"。所以说守望看上去美好，其实也是逃避世俗的一种手段，试想若是俗愿未了，哪有闲工夫去看什么光秃秃的麦田。霍尔顿确实有一颗真心，但美好纯真的念想非但不能使自己受益，相反只会走向绝望的毁灭。

总之，究其根源，霍尔顿之所以挣扎，就是"既有之未然"与"未有之超然"之间的矛盾。换种说法就是，霍尔顿美好的理想和物质世界的依赖之间的相互关系。这种反复的纠缠和青春的叛逆交织，一方面向我们展现了霍尔顿挣扎的心路历程，但另一方面也重燃了读者心中曾经一度熄灭的星星之火。

## （三）拓展延伸

通过阅读与思考，我们感受到了霍尔顿的"迷茫"，他的整个生活都处在矛盾之中——这个虚伪的世界让他失望，而他又不停地沉沦在虚伪之中；他想守望麦田、他想去西部……联系文本不难看出"矛盾"，他究竟是"叛逆的英雄"还是"垮掉的一代"？你对他的行为有怎样的思考呢？对同龄人的分享，你又有怎样的评论呢？

**同伴分享**

下面两位同学分别从不同角度来评判霍尔顿的人生，前者从个人成长的角度来否定霍尔顿的反抗，后者从人性和历史发展的角度，肯定了霍尔顿行为的存在意义。同时两位同学都揭示霍尔顿的"深层悲哀"，这种"悲哀"也启发我们更多的思考：青春之于社会、时代和国家的意义究竟是什么？在理想和现实发生冲突的时候，我们是应该顺应时代的潮流还是应该遵从自己内心的召唤？

我是不赞成这样的反抗方式的。他选择这样的方式，向世人宣泄着他们的不满，但于自身是完全无益的。他没有理想、没有抱负，有的只是游戏人生的态度，与自甘堕落、游手好闲的生活状态。他们是资本主义美国历史上的必然产物，而且注定要成为牺牲的一代。

（李劼）

我觉得他是一个"叛逆的英雄"。虽然人格极度压抑，对现实极度不满，虽然颓废生活，游戏人生，但很重要的一点是他选择了一种方式去实现自己的人生价值，尽管他甚至不知道自己的人生价值在哪里。这就是一种真实的生活状态或者心理状态的呈现。传统总要有人去打碎，束缚总要有人去挣脱，这是历史的必然。只不过这类青年只能够在美国的大地上从东到西、从西到东徒劳无用地奔波，就像蜘蛛在星星之间盲目地结网，最终必然要彻底垮掉。除此之外，他们没有任何出路。这才是他最深层次的悲哀了。

（张宸源）

# 三、《在细雨中呼喊》阅读交流

## 学习任务

1. 按照学习《麦田里的守望者》的方法自学《在细雨中呼喊》。

2. 建议每天除语文课阅读之外，课外再阅读一小时，利用一周时间阅读完毕。

3. 做读书笔记：（1）画出人物关系图；（2）摘录主人公孙光林每一阶段的人生经历（包括时间、地点、与之相关的人与事、思想状态），用表格或文本呈现出来。

4. 观察笔记内容，联系文本：每位同学提出两个问题，自行寻找解决问题的途径。（建议大家登录我们专题学习的博客，里面有老师为大家准备的多篇文章）

5. 班级内部开展读书交流会，分享《在细雨中呼喊》的自读成果。

## （一）统计提问

以下是你的同龄人读完《在细雨中呼喊》后提出的问题，请在你关注的问题前打"√"，如果没有，请另外提出问题。对于提出的问题，可以回读原作，并与同学讨论来解决；也可查阅资料、自行探究来解决。然后写下你探讨的结果。

1. "在细雨中呼喊"究竟是谁在"呼喊"？呼喊什么呢？

2. 如何理解无赖孙广才在母亲死后流下的"眼泪"呢？

3. 余华为什么要塑造寡妇这一形象呢？

4. 小说中为什么多次写到"死亡、阳光，还有池塘"，有什么样的意义呢？

5. 所有的孩子都在小说中走向了"毁灭"，"我"为什么就能顽强地成长起来呢？

6. 孙光林到底是不是逃离者？

7. 孙光林和苏宇是同性恋吗？

8. 小说没有按照时间的顺序来展开回忆，看起来杂乱无章，但又特别符合回忆的逻辑，这样的结构究竟有什么艺术效果呢？

## （二）策划读书交流会

形式上可以小组为单位，也可以个人为单位，围绕阅读中提出的问题进行交流。

高一（1）班《在细雨中呼喊》读书交流会交流流程及内容展示：

1. 布置阅读任务，使学生有充足的时间阅读并写好读书体会。

2. 举行读书交流会。

具体要求如下：

（1）撰写论文：每位同学围绕阅读中产生的具体问题进行探究（问题一定要小），写出一篇不少于 1000 字的小论文。

（2）组内分享：以学习小组为单位进行交流，并挑选出两篇优质小论文，准备参加下一阶段的班级读书交流（小组讨论课外进行）。

（3）班内交流：由个人汇报和他人点评两部分组成。

①个人汇报要有明确的标题，必须脱稿（可携带汇报提纲，或者做 PPT 辅助汇报）。

②个人汇报结束后，由班内同学对汇报内容进行点评：可以点评其闪光之处（例如，选题是否有意义，论证是合理，表达是否有说服力）、可以对演讲者的内容进行质疑，还可以提出修改完善意见。整个过程不能超过 7 分钟。

③倾听者必须倾听并记录要点，在点评阶段要积极参与。

# 在世界中心呼喊"爱"

褚天悦

亲爱的老师、同学们：

大家好！

读《在细雨中呼喊》，我们始终听到一个孩子的呼喊，他就是孙光林。他呼喊着，呼喊着亲情、友情与那朦朦胧胧的爱情。尽管他的声音是那么弱小轻微，但至少他没有完全被现实捆绑住双脚，没有被恐惧击毁了身心。他究竟在喊什么呢？通过研读文本，我们发现：

## 一、对亲情的呼喊

"那些日子里，我经常有一些奇怪的感觉，似乎王立强和李秀英才是我的真正父母，而南门这个家对于我，只是一种施舍而已。"南门有孙光林的亲生父母，但在孙光林的心中，还比不上养父养母给予他的温馨。在南门，他仿佛不是一个有父母的孩子，而是一个随时可能被扫地出门的乞丐，在可怜巴巴地接受救济。他只是一个孩子，他渴求父母的关注与真正的亲情。长大后的孙光林说："你凭什么要我接受已经逃离了的现实。"对于南门，他是"逃离"的，因为在这个家，他得不到亲情的温暖！从他对于南门生活的描写中，很少写到他自己的事，基本上描写的都是他家庭的人与事。他说："……我不仅在家中，而且在村里声名狼藉。""声名狼藉"四字就足以体现孙光林在南门过得不好，一点儿都不好。

## 二、对友情的呼喊

学生时期，总须有朋友陪伴。孙光林渴望友情，就像每个青年人一样。"我当时异常害怕孤单，我不愿意课间休息时一个人独自站在角落里。"所以当时的孙光林选择了被众人簇拥的苏杭。他愿意围绕在苏杭的身边，装作是他的其中一位朋友，在操场上高声喊叫和欢声大笑。之后，苏宇走进了他的生活。他选择了苏宇成为朋友，因为他才是志同道合的人，不屑于低俗的恶趣味，不乐于成为校园的中心，只是一个普普通通的学生罢了。对于这一份友情，孙光林十分在乎。他会对郑亮产生嫉妒感，因为他唯一的朋友似乎更喜欢郑亮。他只会和苏宇分享自己的小秘密。即使苏宇做错了事，被抓去劳教的时候，他不像别的同学一样表现得很气愤，而是给予他同情与鼓励。在苏宇的身上，孙光林找到了真正的友情，虽然他和苏宇在一起的时候并不像别的青年朋友间那般富有朝气，而似乎是平淡如水的，但至少孙光林不再孤单。

### 三、对爱情的呼喊

曹丽是孙光林的初恋，虽然那是一段只能藏在心里的美好的暗恋。他对曹丽的爱慕是纯洁的，纯洁到他根本无法像别的男孩子一样去想象那些猥琐的画面。但是他太默默无闻了，根本无法引起女孩们的注意，所以他也知道自己不可能引起这个班上最漂亮的女生的注意。但是在女生们问曹丽喜欢谁时，他还是忍不住怀有一丝的奢望，去偷听她们的谈话，那就是他对爱情的呼喊。然而他深深地失望了，因为曹丽喜欢的男生竟然是一个孙光林十分鄙夷的人，所有的幻想破灭，所有的期待化为乌有，自己喜欢的女孩那完美的形象也消散了。最后，曹丽更堕落了，和音乐老师的不堪的事，毁掉了两个人的同时，也让孙光林明白：青春，就是一个蜕变的过程，没有人会是一直纯洁美好的，也没有人会守住自己的初心一直不变。

呼喊是因为缺少但又渴求，小说中的孙光林是缺少关爱的人，所以自然他就是一个弱者。然而在那个时代，没有谁是真正的强者，每个人都在呼喊，都是在像细雨零落的那种凄凉的、带有冷色调的环境中呼喊着啊！

我的分享到此结束，谢谢大家！

### 点评展示

褚天悦的演讲紧密围绕"孙光林的情感呼唤"展开，"亲情、友情、爱情"三个层次非常清楚，很有逻辑。有两点质疑：一是标题是《在世界中心呼喊'爱'》，"世界中心"如何解释，你的讲述完全没有涉及；二是你在结尾说"呼喊是因为缺少但又渴求……孙光林的呼喊是弱者的呼喊"，我觉得这样的分析是不准确的，我觉得这样的呼喊就是一种人生的本能，谁都会呼喊，谁都会渴望，和强者弱者无关。

（潘奕灵）

## （四）品读精彩

请阅读下面的精彩语段，你体会到了孙光林怎样的内心世界呢？写一写自己的内心波动。

1. 我望着远处村里的灯火，随风飘来嘈杂的人声。母亲嘶叫般的哭声时断时续，还有几个女人为了陪伴母亲所发出的哭声。这就是哀悼一个生命离去的遥远场景。刚刚吞没了一个生命的河流却显得若无其事。我是在那个时候知道河流也是有生命的，它吞没了我的弟弟，是因为它需要别的生命来补充自己的生命。在远处哭喊的女人和悲痛的男人，同样也需要别的生命来补充自己的生命。他们从菜地里割下欢欣成长的蔬菜，或者将一头猪宰杀。吞食了另外生命的人，也会像此刻的河水一样若无其事。

2. 你凭什么要我接受已经逃离了的现实。

3. 当一个人独自坐在公园的长椅上，在日落时让嘴角露出一丝微笑，他孤独的形象似乎值得同情，然而谁又能体会到他此刻的美妙旅程？他正坐在回忆的马车里，他的生活重新开始了，而且这一次的生活是他自己精心挑选的。

4. 我不再装模作样地拥有很多朋友，而是回到了孤单之中，以真正的我开始了独自的生活。有时我也会因为寂寞而难以忍受空虚的折磨，但我宁愿以这样的方式来维护自己的自尊，也不愿以耻辱为代价去换取那种表面的朋友。

5. 当我们凶狠地对待这个世界时，这个世界突然变得温文尔雅了。

6. 我突然发现逃跑的意义，它使惩罚变得遥远，同时又延伸了快乐。

7. 直到很久以后，我才感到她其实并不可怕，她只是沉浸在我当时年龄还无法理解的自我与孤独之中，她站在生与死的界线上，同时被两者抛弃。

8. 活着的人是无法看清太阳的，只有临死之人的眼睛才能穿越光芒看清太阳。

9. 当人们无法选择自己的未来时，就会珍惜自己选择过去的权利。回忆的动人之处就在于可以重新选择，可以将那些毫无关联的往事重新组合起来，从而获得了全新的过去，而且还可以不断地更换自己的组合，以求获得不一样的经历。

10. 事实上我过去和现在，都不是那种愿为信念去死的人，我是那样崇拜生命在我体内流淌的声音。除了生命本身，我再也找不出活下去的另外理由了。

11. 我的弟弟不小心走出了时间。他一旦脱离时间便固定下来，我们则在时间的推移下继续前行。孙光明将会看着时间带走了他周围的人和周围的景色。我看到了这样的真实场景：生者将死者埋葬以后，死者便永远躺在那里，而生者继续走动。这真实的场景是时间给予依然浪迹在现实里的人的暗示。

12. 现在眼前经常会出现模糊的幻觉，我似乎能够看到时间的流动。时间呈现为透明的灰暗，所有一切都包孕在这隐藏的灰暗之中。我们并不是生活在土地上，事实上我们生活在时间里。田野、街道、河流、房屋是我们置身时间之中的伙伴。时间将我们推移向前或者向后，并且改变着我们的模样。

**同伴分享**

你的同龄人为孙光林的友情世界所吸引，从精彩词句中挖掘着感动，不仅分析了孙光林内心世界的蜕变过程，也从他的蜕变中汲取着自己成长的力量，例如，"这成长就来源于他对残酷现实的思考与批判""这样的思考代表着孙光林精神构建的过程，正因于此，孙光林才没有在黑暗中沉沦。"读者的解读和文字所蕴含的情感高度契合。

余华的小说简直是神来之笔，从中我们可以体会到他的痛苦挣扎，但也能体会到他在挣扎中的成长，这成长就来源于他对残酷现实的思考与批判。例如他对朋友的看法："我不再装模作样地拥有很多朋友，而是回到了孤单之中，以真正的我开始了独自的生活。有时我也会因为寂寞而难以忍受空虚的折磨，但我宁愿以这样的方式来维护自己的自尊，也不愿以耻辱为代价去换取那种表面的朋友。"表象的世界开始对"我"显露它不可信的一面，"我"已经探索到表象的不可靠，许多关系咋咋呼呼，其实真正的意义是虚无。"我"开始能透过现象看本质，明澈地看待世事后就绝对不会孤单。在如此壮烈的寻友历程中，"我"懂得的道理何尝只是如此简单。两个孤单的灵魂——"我"与苏宇终于走在一起，这次交往成了黑暗中的微弱光芒，照亮了"我"以后的生活。"我"和苏宇是一体的两面，在精神世界里互相慰藉，苏宇的死亡给"我"带来了不可估量的哀伤，但他的影子仍然屹立在"我"的精神世界里，给"我"带来了不可估量的温暖，这个温暖让"我"的精神世界充满了温情而不至于冷漠。这样的思考代表着孙光林精神构建的过程，正因如此，孙光林才没有在黑暗中沉沦。

（马含笑）

第四课段　　**比读:破译成长的密码**

　　青春是一场突围。有的人不曾睁开眼观察世界,在已规划好的路线中平静顺畅地滑过青春;有的人试着突围,在被现实撞得头破血流后掖藏着心里小小的愤世嫉俗,隐忍着冲动的情绪小心翼翼地生活;只有极少数人,在内心孤独无援的悲怆中挣扎,在被层层阻力撞得头破血流后仍不妥协,甚至陷入被众人弃置的绝境仍在寻找着希望,在刻骨铭心的青春中成功突围,奔入梦想的怀抱。在这里我们要通过进一步的阅读,与主人公进行更亲密的心灵对话,试图从文学中破译迷茫心灵的密码,汲取突围的力量。

　　学习步骤如下:第一,比较阅读《麦田里的守望者》《在细雨中呼喊》;第二,就比读过程中产生的疑问进行深解;第三,阅读《论〈在细雨中的呼喊〉》(节选)《〈麦田里的守望者〉的悲剧性解读》《自我凌迟的艺术:略论余华〈在细雨中呼喊〉》《青春的倦怠》等评论文章;拓宽思维,继续写下新的感受与思考。

　　建议使用 5 课时。

# 一、比读原作

**学习任务**

　　1. 阅读《用比较阅读的方法分析小说中的人物形象》一文,了解比较阅读方法的运用。

　　2. 比较《麦田里的守望者》和《在细雨中呼喊》中主人公的异同,完成文后的表格。

# 用比较阅读的方法分析小说中的人物形象①

比较阅读是将文本自身、文本与文本之间在内容和形式上有相同或相异的地方加以比较、分析，同中求异，异中求同，深化理解文本的一种阅读方法。这种阅读方法，运用于分析小说人物形象上，效果很好。

比较阅读的基本方法是"同中求异、异中求同"。"同中求异"就是对情节进行分析、解剖，从中找出人物的个性特征。"异中求同"就是通过甄别、筛选和提炼，找出两文的共同特点。

## 一、文本自身的比较

也就是同一个文本中的同一类人物进行比较，从而发现他们性格中的细微区别。例如莫泊桑的小说《我的叔叔于勒》中，菲利普夫妇对于勒态度前后的变化：

A. 同是盼于勒

丈夫——唉！如果于勒竟在这只船上，那会叫人多么惊喜呀！

妻子——只要这个好心的于勒一回来，我们的境况就不同了。他可真算得一个有办法的人。

同样是盼，妻子在盼中带有赞美，并且赞得甜腻。正因为妻子希望更大，所以下文的失望更惨。

B. 同是吃牡蛎

丈夫——你们要不要我请你们吃牡蛎？

妻子——母亲有点迟疑不决，她怕花钱；但是两个姐姐赞成。母亲于是很不痛快地说："我怕伤胃，你只给孩子们买几个好了，可别太多，吃多了要生病的。"然后转过身对着我，又说："至于若瑟夫，他用不着吃这种东西，别把男孩子惯坏了。"

丈夫摆出高雅的绅士风度要请自己的太太和儿女们吃牡蛎。他的绅士风度纯粹是打肿脸充胖子的虚荣心。他的妻子明明因怕花钱反对他的建议，却偏要掩盖实质，说"我怕伤胃"，并以男孩子不可惯坏为理由，显得她既爱惜自己，又关心别人；既疼爱孩子，又注意教育。两相对比，妻子比丈夫更有心计，更精明。

---

① 本文由教师根据网上同题文章进行了整理。

C. 同是见于勒

丈夫——结结巴巴地说："是他，真是他！"然后他就问："咱们怎么办呢？"

妻子——骂于勒"贼"，骂"讨饭的"，还说："咱们到那头去，注意别叫那人挨近我们！"

菲利普先生和于勒毕竟还有血缘关系，面对此情此景，竟不知所措。妻子比丈夫显得更镇定、更冷酷无情。

通过上述同中求异的对比阅读，我们就能够更深刻地体会到莫泊桑是通过菲利普夫妇对同一事件表现出的不同的言行、神态，精确、细致地刻画出了菲利普夫妇除了都有小市民的共性外，还各具独特的性格特征和心理活动，成为小说中独特的"这一个"。

**二、不同文本的比较**

例如吴敬梓的《范进中举》与鲁迅的《孔乙己》两篇文章中的三组人物形象的对比。

A. 孔乙己与范进

两人同受封建科举制度的毒害，主题相似。

孔乙己没有取得任何功名，被残酷地抛弃于社会底层，还要自命清高，不肯自食其力，因此生活穷困潦倒，最终被强大的黑暗势力吞噬了，悄无声息；范进虽然历经失败而老年中举，却也欢喜得疯了，一反一正，其根源却是同一个，结果也差不多。

B. 丁举人与张乡绅

权势不算高的丁举人，原本也是读书人，但考中了举人成了统治阶级的一员，其身份与地位自然就与孔乙己有了天壤之别。孔乙己到他家偷东西，他逼孔乙己写服辩，还吊着打，打折了孔乙己的腿，其冷酷凶残可见一斑。

张乡绅在范进中举前对他不屑一顾，从"世先生同在桑梓，一向有失亲近"这句话可以看出。范进中举后，张乡绅五十两银子、三进三间房子的贺礼，虽不算重，对范进来说，却不算轻，为结成联合战线，共同鱼肉乡民，张乡绅极尽拉拢之能事。

"朝为田舍郎，暮登天子堂。"通过科举考试，求取了功名，就改变了原来的地位，令人刮目相看。通过科举青云直上以后，一部分人的思想异化了：像丁举人也好，张乡绅也好，手段不同，实质一样。因为科举考试始于隋朝，唐宋大盛。无怪唐太宗看见士子进场考试，喜形于色地说："天下士子入吾彀中"了。中也好，不中也好，统治者都便于掌控了。

C. 短衣帮与胡屠户

在等级森严的封建统治下，民众的活力、热情、同情心都被扼杀，变得麻木不仁，自私冷漠。在短衣帮的心目中也以为既然"学而优则仕"，那么连半个秀才也捞不到的孔乙己当然是劣货，只值得奚落和取笑。所以孔乙己一到店，所有喝酒的人便都看着他笑，叫道："孔乙己，你脸上又添上新伤疤了！""我前天亲眼见你偷了何家的书，吊着打。""你怎的连半个秀才也捞不到呢？"短衣帮意识不到自己与孔乙己同样处于被压迫被凌辱的社会底层，同样可怜可悲，因此他们对孔乙己这样一个不幸者，不但没有同情和帮助，相反只知道哄笑取乐，揭孔乙己最痛的伤疤，在他们劳累而苦闷的生涯中寻求片刻的快乐。

胡屠户是个嫌贫爱富、趋炎附势的市侩。范进中举之前，被他视为"现世宝""烂忠厚没用的人"，连中了秀才也是沾了他的光；对范进希图中举，又极尽讽刺嘲弄之能事，什么"癞虾蟆想吃起天鹅肉"啦，什么"尖嘴猴腮，也该撒抛尿自己照照"啦，一派粗鄙的话，不堪入耳，骂得范进狗血喷头，扮演的就是短衣帮的角色。

这种异中求同的对比阅读，可以提高我们迁移思维的能力。通过上述三组人物的对比，帮助我们更容易地理解《孔乙己》一文中三种人物形象及其各自的境遇，从而帮助我们更好地解读人物的内心世界和那个时代的特征。

### 表 2　霍尔顿和孙光林比较简表

| 序号 ＼ 方向 | 异 | 同 |
|---|---|---|
| 1 | | |
| 2 | | |
| 3 | | |
| 4 | | |

# 二、深解原作

"比较阅读"让读者在中西两位文学主人公之间，架起了一座联系的"桥梁"，于是，文学主人公所承载的意义不仅仅是一个独立生命个体所赋予的价值，更是在对比中彰显了不同的家庭、社会、时代，甚至不同国家的文化观。那么如何升华你在比较阅读中的发现呢？阅读下面的课堂实录，学习深入认识的方法。

## 课堂实录

师："性"是一个敏感的词语，但又是我们每一个青少年都无法回避的问题，霍尔顿和孙光林对"性"有着怎样的心理和行为表现呢？找到相关的描写进行分析。

生：霍尔顿——

"你要是真不喜欢一个女人，那就干脆别跟她在一起厮混；你要是真喜欢她呢，就该喜欢她的脸。"

他给自己定不了"绝不跟那些叫我内心深处觉得厌恶的姑娘一起厮混"的规则，对性与爱，他有坚守的底线。

"我的性欲上来了。"

孙光林——

"在黑夜里发现了一个神秘的举动，从而让我获得了美妙的感受。"

"发现自己的内裤有一块已经湿润时，不禁惊慌失措。"

"为自己这个年龄竟还遗尿而忐忑不安，同时也有怀疑疾病来到的慌乱。"

霍尔顿很坦率、直言不讳；孙光林惊慌失措、恐惧、害怕。

师：二者为什么会有截然不同的表现呢？我们来看看两位青春主人公他们的身边人在"性"上有着怎样的表现呢？

生：霍尔顿周围——

斯特拉德莱塔和无数女生约会，电梯人毛里斯给霍尔顿介绍妓女……还有路斯大方地向霍尔顿讲述他的"性观点"。霍尔顿处在一个开放、自由的空间里。

孙光林周围——

母亲与父亲，养父与养母，冯玉青与王跃进，还有曹丽的遭遇，每一个故事都有着来自"性的恐惧"。

师：将"周围人"形成对比，你有哪些发现呢？

……

师：对待同一事物，人们为什么会有不同的态度和表现？

……

**同伴分享**

你的同龄人在老师的提示下，将两部小说中的"性"进行了对比分析，他以两个主人公对"性的态度"为切入口，在阅读中去寻找形成这一态度的家庭和社会原因，虽然论证上还有待深刻，但不难看出他的思考已经走向深入了。

## 两部小说中性的对比

李珈璐

《在细雨中呼喊》和《麦田里的守望者》（以下分别简称《细雨》《麦田》），这两本书都是关于青少年成长的故事。在成长之际，他们常常会对一些奇妙的事情感到迷茫和不知所措，比如说，性。对"性"这个话题，不同的人，拥有不一样的观点，而身处不同的环境中，也会持有不一样的看法。就像西方电影或电视剧里，大尺度的画面比比皆是，而在中国，这会被认为是敏感镜头而遭禁播。在《麦田》和《细雨》中，就很好地诠释了这一点。

### 一、霍尔顿和孙光林的对比

"你要是真不喜欢一个女人，那就干脆别跟她在一起厮混；你要是真喜欢她呢，就该喜欢她的脸。"在看到一对情侣互相朝对方的脸喷水时，霍尔顿道出了自己对这种行为的看法。在这句话中，可以看出，霍尔顿给"爱"这个字眼赋予了很高的意义。他在后文中也提到，如果他对一个女人没有爱的话，他不会有和她发生性关系的念头。霍尔顿认为，爱与性交织，它们是被捆绑在一起的，不能拆分。他说"万一你真的干了那事，那么过错就都在你身上"，这份爱与性中，还有一种责任感在里面。他对于性的看法和要求，在我看来是理性和完美的，而他实际上也是这样约束自己的。在纽约游荡时，他在旅店里找了一个女郎，女郎的年龄比他大不了几岁，但她却游刃有余并不耐烦地和他讨论性，霍尔顿承认她的美丽，但内心过不了那道坎，放弃了和她发生关系的机会。尽管留下了些许遗憾，但他内心是轻松的。

纵使他在行为上有节制地约束着自己，也无法抵抗性带来的诱惑。"我的性欲上来了"，他承认这个事实，他打电话给同学介绍的姑娘，期望能收获美好的记忆；他还给萨丽打电话，想要约她出来……他很多的行为都印证着他说过的那句话。

霍尔顿对性的想法正如麦田一般，很是开阔，而《细雨》中，孙光林、苏宇他们刚刚萌发的对性的念头，如细雨般朦胧，羞于启齿，三缄其口。

在差不多的年纪，当霍尔顿开始成熟地思考性的时候，孙光林才刚刚接触，"在黑夜里发现了一个神秘的举动，从而让我获得了美妙的感受"，恐惧也随之而来，他"发现自己的内裤有一块已经湿润时，不禁惊慌失措"，他"为自己这个年龄竟还遗尿而忐忑不安，同时也有怀疑疾病来到的慌乱"。面对和以往生活不一样的情形，他是带着恐惧享受着欢乐。负罪感深深地折磨着他，他将曹丽作为夜间幻想的对象，当白天再一次见到她时，心中充满内疚。在没有人来告诉他、引导他之前，他一直像一只小鹿，任何风吹草动都会让他苍白了脸，生了病一般。他鼓起勇气将自己认为是邪恶的一面告诉苏宇时，苏宇羞涩的表情和平静的语气，宽慰了孙光林，让他宣泄出了这些天的委屈。郑亮落落大方的态度，给孙光林吃了一颗定心丸，却又给了一个炸弹，认为用完了就没有了。三个稚嫩的青少年，青涩地面对生理现象，形成了莫须有的负担。

在认识苏宇以前，孙光林和苏杭交好，罪恶感和恐惧在那时就袭向了他。他们冲女孩和女人们大喊放荡的话，高声谈论路过的女人的模样，孙光林忍受着心中的不自在，和苏杭一起喊着。在孙光林的心中，他有自己的观点和想法，隐隐透露出君子风范。

霍尔顿成熟的性思想和孙光林稚嫩的想法，并不能说谁的更好一些，只能说他们都拥有属于自己独有的观点。

## 二、周围人的对比

在霍尔顿周围，和无数女生约会的斯特拉德莱塔、介绍妓女的电梯人毛里斯、哥哥 D. B. 的前女友、介绍女人的爱德蒙·爱迪等，每天都沉浸在性欲之中，他们并不认为这有什么不对，而是将之作为一种时尚潮流，对他们而言，那些不谈恋爱、不寻欢作乐的人，就是没有跟上时代步伐的人，就是落伍的人。其中有个人，他大度地告诉霍尔顿，关于性的看法。

"他们只是把性关系看成是肉体和精神的双重关系"，路斯这么评价东方人。在柳条酒吧里，路斯观察着每一个人，他用"当然啦"的理所当然的口气，制造了"知道在美国搞同性恋的每一个男女"的假象，这假象让霍尔顿膜拜。路斯和看上去四十多岁的中国人恋爱，做着精神分析，显现着他的成熟和生活的多彩多样。在我看来，路斯对霍尔顿的影响或许很大，至少是在性观念上。路斯将自己的性观点告诉霍尔顿，霍尔顿便不由自主地靠近这个观点，并变为己有。路斯对东方人的评价，和霍尔顿的想法是那么相似，他们都认为肉体和精神是不可以分割的，爱与性共存。

霍尔顿周围的人，带给霍尔顿的是多元性观念，而孙光林周围的人，带给他的则是恐惧和阴暗。例如，他的母亲在自己丈夫出轨日子里，终于忍受不了，向另一个女人(寡妇)叫板，而他父亲看见了，只是灰溜溜地跑走，留下两个女人在田野里打架。孙广才的举动是不负责任的，是胆小的，他让孙光林看到性欲能够战胜道德和责任感，让他心里有了恐惧。类似的还有冯玉青和王跃进。这些都给孙光林留下深刻的印象，使他在刚刚接触性时，产生了莫大的恐惧。

孙光林的养父王立强和养母李秀英，带给了他阴暗。身体羸弱的李秀英，在半夜里还要满足王立强的欲望，而连累着孙光林。这样对待一个生了病的女人，是可怕的，是阴暗的。所以最后王立强为满足自己的欲望而有了情人，他对李秀英只剩下照顾的责任，这种精神和肉体的出轨，给孙光林投下了一块关于爱与性的心理阴影。

还有和他同龄的曹丽。曹丽曾经是他性幻想的对象，被发现和音乐老师有私情，并发生了实实在在的性关系。曹丽写的厚厚一刀检讨书，被老师们传阅，学生偶然看到的一句话，被传来传去，闹得沸沸扬扬。而此时的孙光林，心里百感交集，有失落，有惆怅，有空洞，还有一些奇怪的感觉。

他的朋友苏宇，禁不住性的诱惑，抱了村里的一个女人，而被挂上流氓犯的牌子，进了劳改所，连带着郑亮和他都受到了同校生的嘲讽。这又给了孙光林一个打击。

总之，孙光林周围的人带给他的是性的阴暗面，少有闪亮的光芒。这让他对性始终只停留在表面，而没有进一步去深入思考。他对性还像个孩子一样，尽管有着君子的气概，但并不成熟。

《麦田》里的性，是让人思考的性，而在《细雨》里，关于它的思考浅尝辄止，仅仅只停留表面。在不同的人眼里，在不同的环境里，在不同的制度下，性的观念千变万化，谁也不知道再过几年，看法是否会再一次转变。《麦田》里的开放思考正如麦田一样开阔，而《细雨》里的萌芽宛如细雨朦胧，等待进一步的探索。

# 三、拓宽思维

**学习任务**

1. 阅读《论〈在细雨中呼喊〉(节选)》《〈麦田里的守望者〉的悲剧性解读》《自我凌迟的艺术：略论余华〈在细雨中呼喊〉》《青春的倦怠》四篇文章，继续拓宽思维空间。

2. 尝试从"论题""观点""结论""论据""论证思路""你的疑问"六个方面列表格进行比较，思考不同文章立论的逻辑起点和论证的思维路径，记下自己新的感受或思考，力图得出自己的结论。

## (一)基础阅读

阅读陈晓明的《论〈在细雨中呼喊〉(节选)》，完成任务。

1. 筛选信息：《在细雨中呼喊》的创作特点有哪些？"弃绝"和"孤独"有何不同？

2. 思考：主人公孙光林为什么能在"弃绝"中获得新生呢？

# 论《在细雨中呼喊》<sup>①</sup>（节选）

## 陈晓明

不管从哪方面来讲，余华都是这个时期最优秀的作家之一。作为早期先锋派的代表，余华在 90 年代上半期就开始改弦易辙，他自己对此十分自信坦然，他也确实从这种改换中获得了更多的利益。但批评界一直觉得此人形迹可疑，直到 2006 年，余华沉寂十年后出版《兄弟》，批评界总算抓住余华的软肋，对《兄弟》投去了质疑的目光。在某种意义上，余华咎由自取。一方面，《兄弟》确实有差强人意之处（特别是下部）；另一方面，余华多年来对批评界颇为不敬，时有冷语相加。这两方面足以使批评界有足够的理由对《兄弟》进行冷处理。尽管精通经济学原则的余华对此并不以为然，但余华并非没有付出一点代价。虽然一部《兄弟》不可能洗去铅华，但余华的光环还是有所减色。

尽管如此，我也不认为我们就要因此减损余华在中国当代文学史上的贡献，特别是他早期的作品，应该说为汉语小说提供了一系列非常规的经验。在艺术表现力方面，余华的小说叙述力图打开语言无限切近真实的那片界域，他对叙述时间的控制，无疑是汉语小说做得最出色的。当然，他对人类生存事相的探究，特别是他对残酷和冷漠的表现，都是汉语小说难得的经验。迄今为止，对余华的研究可谓汗牛充栋，不乏有精辟之见。不过，余华的小说还是有可再论述的余地，比如，他的残酷与冷漠的叙述，是建立在什么样的生存事相上。余华描写的生存事相如此令人惊异，肯定不是我们庸常的概括所能把握。是否有更深入的概念可以再加发掘出余华作品的内涵品质呢？

确实，《在细雨中呼喊》被多方面认为是余华最好的作品，笔者也持这样的观点。尽管这部作品一俟出版，余华就宣称这部作品是他"最好的"作品，此后，余华每出版一部新作，就命名为"最好的"作品，余华试图建构一个自己创作无限进步的历史谱系学。这当然值得怀疑，与其说这是对自己创作上的自信，不如说是对现代广告术的领悟。我以为《在细雨中呼喊》还是余华最好的作品，是值得我们深入解读的作品。这部作品最突出之处就在于，余华

---

① 陈晓明. 论在《细雨中呼喊》. 文艺争鸣，2007，（8）：117－122.

把汉语小说中少有的"弃绝"经验表现得异常充分，从而触及人类生存事相中最深刻的创伤。也正是在对"弃绝"经验表现上，余华的《在细雨中呼喊》及其他作品在艺术上具有了如此独特的令人震惊力量。我们一直惊异于余华的作品揭示的感觉非同寻常，但没有给出明确的界定，很显然，只有"弃绝"可以更加准确深入地把握余华小说揭示的生存经验。

### 一、细雨中的呼喊：弃绝的经验

这个以第一人称"我"来讲述的故事，现在还无从考证是不是余华童年生活的真实记录，也许这并不重要，重要的是，余华第一次写出了为经典现实主义的"儿童文学叙事"所掩盖的童年生活。在经典的（为意识形态权威话语所规定的）儿童文学叙事中，儿童少年是"祖国的花朵"，他们在五月灿烂的阳光下，在绿茵茵的草地上奔跑，或者捧着五月的鲜花，站在五星红旗下，白衬衣扎在蓝西裤里……这就是五六十年代，乃至 70 年代经典的少年儿童生活画面，他们的故事沐浴着健康、幸福、欢乐的阳光。显然，余华改写了这个"经典故事"。

对于余华来说，重写少年儿童的故事并非是在写作"儿童文学"，而是重建一种极端个人化的叙述视角，它隐含着反抗既定语言秩序的感觉方式和语言表达方式。

余华一向擅长描写苦难分分的生活，我曾说过，他那诡秘的目光从来不屑于注视蔚蓝的天空，却对那些阴暗痛苦的角落沉迷不已。余华对"残酷"一类的情感态度具有异乎寻常的心理承受力，他的职业爱好使他在表达"苦难生活"的时候有如回归温馨之乡。"苦难"这种说法对于余华是根本不存在的，因为它就是生活的本来意义，因而，"我"这个名之为"孙光林"的孩子，生活于弃绝中乃是理所当然的。余华如此冷静，娓娓叙述这段几乎可以说是"不幸"的童年经历，确实令人震惊。在这里，极度贫穷的家庭、不负责任而凶狠无赖的父亲、孤苦的祖父、屈辱的母亲、经常的打骂、被冷落歧视，然后是像猫一样被送走，又像狗一样跑回来……这就是生存的弃绝之境了，它也是生存之绝境，在绝境中生存与成长，这是对成长残酷而极端的表现。

余华的特殊之处在于他并没有简单去罗列那些"弃绝的"生活事相，而是去刻画孤立无援的儿童生活的弃绝感。追忆童年生活采用的第一人称视角，给"内心独白"打开一个广阔无边的天地。一个被排斥出家庭生活的儿童，向人们呈示了他奇异而丰富的内心感受，那些生活事件无一不是在童稚奇妙的目光注视下暴露出它们的特殊含义。被家庭成员排斥的孤独感过早地吞噬了纯粹天真的儿童心理，强烈地渴望同情的心理与被无情驱逐的现实构成的冲突，使"我"的生存陷入一系列徒劳无益的绝望挣扎之中，而"呼喊"则是生活含义的全部概括或最高象喻：那就是孤独无助的弃绝境遇，没有回应的绝境。

小说的开头部分这样写道：

"一个女人哭泣般的呼喊从远处传来，嘶哑的声音在当初寂静无比的黑夜里突然响起，使我此刻回想中的童年颤抖不已。……那个女人的呼喊声持续了很久，我是那么急切和害怕地期待着另一个声音的来到，一个出来回答女人的呼喊，能够平息她哭泣的声音。可是没有出现。现在我能够意识到当初自己惊恐的原因，那就是我一直没有听到一个出来回答的声音。再也没有比孤独的无依无靠的呼喊声更让人战栗了，在雨中空旷的黑夜里。"

这部名为"呼喊"的小说，何以开头是一个女人的"呼喊"，这有些令人疑惑。当然，这样的开头具有营造氛围的明显特征，小说不是描写自然环境，而是给出一种情绪的和心理的环境，这就确定了这部小说在很大程度上是一部心理化的小说。内心独白、心理意识占据叙事的主导地位。由女人的声音而引出"我"的心理状态，这也表达了一个儿童无父无母的孤立无援的生存状态。尽管这个主人公孙光林有父有母，但他却处于被弃绝的境地。小说一开始就预示了他对母亲渴望，一个正是恋母年纪的小孩，他对女性的呼喊尤其敏感，他渴望有母亲关怀他，但"母亲们"的存在陷入困境，甚至她们的呼喊也没有回应。"女人的呼喊……"意味着孤苦伶仃的我不会有来自母爱的保护，这是女人深入黑暗的故事，这是母亲缺席的故事，现在，这个"我"只能面对着父权统治的家庭，面对着父权去生活。

当然，仔细辨析，在小说叙事的展开中，还有很多人在呼喊，不只有女人的呼喊，还有父亲的喊叫，最重要的是"我"的呼喊，恰恰在里面"我"的呼喊的声音是最细小的，"我"几乎没有呼喊，只是有过哭泣（呼喊的英文是cry，它也有哭泣的意思）。这部小说一开始就驱除了母爱，只有这个无助的孩子在黑暗中恐惧地哭泣，而这就是童年面对的"弃绝"的境遇。

这样的开头让人们想起普鲁斯特的《追忆逝水年华》（以下简称《追忆》）的开头。那也是一个回忆的叙述视点，小说是从叙述者现在的睡眠进入，而后引出了他的童年记忆，那是从童年开始的记忆，其中有童年时期那么渴望妈妈的吻，那是一个软弱的孩子的心理。叙述人（马赛尔，按照布鲁姆的看法，也就是"马赛尔·普鲁斯特"）也写道，父亲对这个孩子每晚要母亲上楼来与他吻别这个仪式，很不以为然。年仅六岁的马赛尔对父亲的威严显然心有余悸，但是如此渴望母亲的怜爱。余华这篇小说的开头是一个儿童听到女人在黑夜中的呼喊，那个无人的呼喊，在孤独的童年心理里引起了回应。只有这个孤独的童年回应着那个同样无助的女人的呼喊。但这个回应本身却是包含着对母爱的渴望，这就与《追忆》有着内在的相似。在贡布雷的那些夜晚的复杂的心理情绪，在余华这里被处理得非常简洁明确，那就是黑暗中的呼喊和孤寂的被弃绝的童年心理感受。如果说二者具有某种关联，或具有某种可比性的话，那就是余华"高超的"概括能力和转换能力。余华的那个叙述人"我"与《追忆》中的"我"在感受"弃绝"经验这一点上无疑具有异曲同工之妙。

当然，布鲁姆有对普鲁斯特的独特解释，他认为整部《追忆》最卓越之处就在于它写了"性妒嫉"，普鲁斯特与其说是弗洛伊德的弟子，不如说是兄弟。只是在普鲁斯特逝世的那年（1922 年），弗洛伊德发表一篇探讨性妒嫉的短文《嫉妒、偏执及同性恋中的某些神经机制》。或许是因为普鲁斯特独特且也有些偏执的生活经验，导致布鲁姆对《追忆》这部巨著做如此奇特的解释。在我看来，《追忆》的主题当然有着多重可读解的内涵，但"弃绝"也应是其最出色的主题之一。小说开头就描写叙述人独自躺在旅馆的房间里，听着外面的世界，那是一种自觉与世隔绝的生活，那个叙述人也是小说中的主角之一，总是处在弃绝状态中去观看外部世界，他能看透一切，却又不能进入，但他保持着不能进入的那种隔绝的自由。

余华自己表示过对普鲁斯特的作品极为钦佩。1991 年，余华发表《在细雨中呼喊》时，他已经 31 岁，他在先锋派的道路上已经奔走了数年，按他的说法，他最早有兴趣阅读的是一些西方现代派的作品，在他最初喜好文学时，川端康成充当了他五六年的老师。在喜欢川端康成的那几年里，余华说："我还喜欢普鲁斯特，还有英国的女作家曼斯菲尔德等，那时候我喜欢的作家都是细腻和温和的。"当然，余华还持续地喜欢卡夫卡，这个奥地利人可能是对他影响最大的作家（那也是一个对弃绝主题描写得极为出色的伟大作家）。但是，《在细雨中呼喊》还是得了普鲁斯特的神韵。可以说《在细雨中呼喊》深受《追忆逝水年华》的影响。这个开头和其中的情绪，都可以看到后者的投影。当然，这决不是说余华的这部小说是在《追忆逝水年华》的阴影底下写作，而应该说余华相当巧妙地借鉴了《追忆逝水年华》。余华的这部小说可以说是西方现代主义影响在中国最成功的成果。就是这个开头，在黑暗中的那种孤独感，以及那个叙述人，余华随后就摆脱了普鲁斯特的阴影。在这个意义上，那个黑夜中的开头，那个在黑暗中挣扎着呼喊的孤独之子，也可读成余华自己的化身，那是深切感受到现代主义大师普鲁斯特的阴影而产生的困扰，他还是一个孩子，是的，他还是个只有"六岁"的孩子。他多么渴望有人回应啊！然而，没有，只有他来回应，一个六岁的孩子。那就是余华对那个特殊年代的童年生活的记忆，也是他作为一个崭露头角的作家面对经典大师时的那种孤立无援的象喻。

当然，关于余华与普鲁斯特只是在潜意识意义上可能有所关联，这部小说更重要的或许是余华自身的成长传记，那是中国在特殊年代发生的故事。"我"，这样一个成长的孩子的内心呼喊，是对历史、对命运、对人性的呼喊，呈现的是在那样一个时代，"我"所经历的巨大的悲怆。小说一开始是在南门这个地方发生的故事，后来"我"被送走了，小说的结尾，"我"跟爷爷一起又回到了南门。这是一个完整的成长的历程，遭受弃绝之后的回归，这个成长历程并不十分复杂，也不过分残酷和惊险，但却有着如此深重的创伤，那就是弃绝的经验。因此，与其说这是一个成长的故事，不如说是关于"弃绝"的经验。这种经验被置放在历史中，它打上了深刻的政治历史的烙印。当然，这些印迹通过家庭伦理来展现，只是在某些缝隙中透示出政治历史的威力。这部小说对外部社会的描写并不是那么充分，他写的都是家庭伦理以及少年儿童之间的友情、绝望，写他们所承受的来自家庭、学校和集体的弃绝，这样一种弃绝本质上渗透了政治历史的元素。但是在小说叙事中，这些弃绝虽然并没有多么残忍的暴力，然而，却是具有渗透进骨子里的那种创伤。

弃绝感与孤独感还有所不同。孤独感是一种回到内心去体验自我并且培养起具有对抗性的自我意识的那种意识。弃绝则是一种更无力的状况，是一种被隔绝的生存境遇。蒙田曾经说过：孤独就是自由。在孤独中回到自我，体验自我，自由的本质总是被理解为回到自我。易卜生说过：谁最孤独谁就是最有力量的人，这也成为现代主义的一个主题。但是这样的现代主义式的孤独却是唤起一种自我意识的力量；而余华的"弃绝"则是彻底软弱无助的，那是个人处在外在世界压力之下，内心再也找不到力量感，那是彻底的孤立无援孤苦伶仃的状态。这部小说无疑也表达了孤独感，那是游离于家庭与友爱之外的孤独，这样的孤独感当然毫无自由可言，那就是弃绝感了。弃绝比之孤独而言更为残酷，它处于孤立无援的状况却没有能力回到自我的内在性。它只是被弃绝。尽管说，余华还是给孙光林的孤独感找到了自由的含义，那就是他的孤独感游离于外部社会敌意，以他的孤独感超越了敌意。外部社会的人们都陷入了仇恨之中，而"我"游离于仇恨的人们之外。仇恨的人不会孤独，因为他没有个体性，没有自我，而有自我的人就有一种孤独感，就会游离于集体。但是，因为有了集体的存在，仇恨也是强大而有魅力的。孙光林总是处于被抛离的状态，他无能为力，只能作为一个旁观者。

这个弱小的我，对巨大的外部世界保持着无助的恐惧，同时也是极度的不信任。对于余华的作品来说，所有的外部世界都是不可信任的，都是强权和暴力在起决定作用。余华后来的作品《兄弟》直接描写了极权时期的外部世界，那些外部社会的元素直接侵犯到个人与家庭的生活细节中，它们的力量强大，如暴力事件、敌意的行为、斗争和怨恨的场面。但是《在细雨中呼喊》里，外部世界的进入却显得更为巧妙，它是诡秘莫测，甚至是通过人的潜意识表现出来的。小说有一个情节是弟弟孙光明救人淹死了，父亲天天等待穿中山装的干部出现来嘉奖他们。小说写到每天父亲和孙光平坐在广播底下听广播，等待着播送表彰他们家庭的报道降临，但是始终没听到。这些描写都非常微妙，甚至是轻描淡写的，但却穿透了历史，写出了那种悲剧和绝望，写出了一种卑微的人生和一种时代的谎言。外部的社会，强大的国家主义形象简化为穿中山装的人。他们等了一天又一天，直到成为英雄家庭的幻想终于成为泡影。这部小说的高明就在于仅仅通过主体的幻想就能够把时代的心理揭示出来，把时代对这些卑微的可怜人的弃绝写出来。对那个时代的政治和意识形态，人和社会的关系，人的命运，仅仅通过这么一个幻想的片段就揭示得非常深刻，非常透彻。这是高明的修辞：献身就能成为英雄，这是政治的兑换券。每个人都有虚荣心，或者叫尊严感，用黑格尔的话说就是"承认的斗争"，人的存在就是为了被承认，这是人的本能。在黑格尔看来，这从人的动物阶段就开始了。但在极左政治发展出一套话语，那种个人获得承认的心理被推到极端，把其他所有获得承认的途径都堵死之后，只有一种被承认的方式，就是革命的承认方式，这是你唯一能获得荣耀的途径。《在细雨中呼喊》非常深刻地写出了那样一种承认的绝境。余华把整个生活撕碎，把它推到绝境，推到一种极端的不可能性，在这种极端的不可能性中看到生活最本质的方面。他把那个时代彻底地撕碎，让卑微的小人物任何的小小的希望都幻灭，甚至连献出生命换取一种政治虚荣的满足都没有。弃绝乃是那个时期最普遍的、也是最致命的经验。

这种外部世界的失望转化为一种内在的"心情"，那就是一种被弃绝的感受，它自然地形成被隔离的生存境遇。当然，小说还是写了成长中的丰富心理，虽然都是一些创伤的经验，但围绕着弃绝还是有其他的心理经验涌现出来。回到自己的内心生活，孙光林的自我也为涌溢出的种种青春欲望弄得惊慌失措，那些不断增长的内心经验勾画了逃避"本我"的长长的跑道，在"本我"与"超我"的夹缝中求生的"自我"，走上了从童年到少年的无尽的生命苦旅，成长几乎就是欲望的磨难，每前进一步都是令人绝望的挣扎。在这种叙事中，余华倒是充满了反讽的意味。以它少有的犀利明晰的笔致，写出幼年生活的怪异行径和欲望勃发的心理状态。这是一次尽可能透明的人生坦白：第一次的颤抖，拙劣的欲望，无处藏身的少年，奇妙的幻想，无法拒绝的恐惧，莫名其妙的罪恶感……丰富而狂乱的少年人心理被刻画得淋漓尽致。

当然，余华笔力还是带着玩味残酷的意味去表现这个儿童的弃绝感，以及他在弃绝中如何体验悲悯和渴望温情。在这个意义上说，余华的作品和中国小说过去所表达的情感状态是不一样的。就弃绝感本身来说是一种不可能的情感——人都是害怕弃绝的，总是要摆脱弃绝，人有了朋友，有了友情就能获得一种存在的坚实性。但是另一方面，人在孤独中才能体会到自我，才会更深地回到自我，当你摆脱了孤独的时候，你也就摆脱了那个纠缠于你的自我的幽灵——这始终是一个悖论。作为个人始终是在这两种状态之中摇摆的，这是生存的困境。

《在细雨中呼喊》在表现弃绝的同时，也表达了回到真实生活中去的愿望，因为被弃绝，而更加强烈地渴望被接纳，渴望家的温暖和集体的慰藉。那种叙述的语式、语感，无不渗透着弃绝的感受。在"弃绝"中经历内心生活，去体验友爱与幸福，那些微不足道的事实都成为一种幸福的依据。

余华力图回到一种童稚的心理状态中去还原那种感觉方式，给出更具有纯真的儿童心理经验。儿童的无知与敏感，天真与不幸，欢乐与恐惧等等总是被置放在一个可变换的关联域中来表达。当然并不仅仅是故事的叙述带有很强的主观色彩，事实上，余华花费大量笔墨去发掘埋藏在童年记忆中的心理经验，那些故事情境，或者说故事的内在动机，总是以童年的"心情"为中介环节加以推动。这种孤立无援的"心情"当然构成全部心理经验的内核。当"我"被父亲绑在树上殴打时，村里的孩子兴致勃勃地站在四周观赏，而"我"的两个兄弟神气十足地在那里维持秩序。这次殴打之所以是"终生难忘"的，不仅因为蛮横的父亲，可能孩子世界里的阴谋、陷害以及冷漠和欣赏痛苦的爱好，给幼小的心灵留下了更深刻的印象，因此不足为奇，他小小年纪就学会记仇，在作业簿上记下殴打的标记。那种孤立无援的心情总是不断从叙事中浮现出来，它是整个童年经历的深挚记忆："时隔多年以后，我依然保存着这本作业簿，可陈旧的作业簿所散发出来的霉味，让我难以清晰地去感受当初立誓偿还的心情，取而代之的是微微的惊讶。"

余华在表现这种弃绝心理时，不是一味发掘那种悲苦的意味，而是去建立一种反讽性（或者说黑色幽灵）的语境，使孤独感具有更加丰富的美学意味。这个孩子被父母送给别人时，却"以为前往的地方是一次有趣的游玩"，甚至还有些得意洋洋。这种强烈的反差显然映衬出更加不幸的生存境遇，儿童对自己生存处境的错误体验油然产生"黑色幽默"的精神。然而，更经常的则是对那种孤独心理的细致刻画，当他的养父死后，独自一人回到南门，"仿佛又开始了被人领养的生活。那些日子里，我经常有一些奇怪的感觉，似乎王立强和李秀英才是我的真正父母，而南门这个家对于我，只是一种施舍而已"。正是对"感觉"和"感受"的强调，使这个回忆童年经历的故事带有很强的心理经验特征。

然而，超越绝望却是从不幸的生活中不可抑制地滋长起来的强烈愿望，不管是叙述人还是年轻的主人公都始终从真实的生活中体验到那种令人欣慰的游戏精神。在对外部世界的感受中，在对自我的体验中，那种孤立无援的"弃绝"却始终透示出一种奇怪的"幸福感"。正如叙述人所说的那样，"从童年起就被幸福和绝望这两个事实纠缠不清了"。也许是幸福与绝望相互穿插，或许更为主要的是幸福与绝望相互混淆重合，在孤立无援的日子里，不仅仅是"我"，还有那些同伙，在那些"弃绝"的生活境遇中却不可抑止地滋长出一连串的希望，在弃绝的每个间歇的片刻都能找到微不足道的快乐。这就是在孤独中对自我经验的深刻体验，从而感受到生命的一种价值。也许儿童或少年人那些友谊变得弥足珍贵，但是更重要的依然是那种反抗弃绝的精神，在弃绝的生活世界里却能盲目生活下去的倔强态度。确实，余华讲述的那些弃绝的故事并不黑暗，相反，却有一种奇怪的信心。这在很大程度上要归结于余华对全部生活阴暗面的正视，生活无可挽回地全部破碎，所有的希望都将落空，那么，还有什么比正视这一切可能获得更加真实的幸福呢？真正的幸福就存在于弃绝的边界，恰恰是在那破碎的生活敞开的时刻透示出的几缕光线，给予无望的童年生活以无限慰藉。那种对弃绝生活的"无畏"戏弄，例如打碎了收音机上的小酒盅却公然威胁身强力壮的养父王立强，如此拙劣的自卫显然有一种夸张的童年稚气；而事实上，在郊外田野"发现"王立强与"阿姨"时，那种慌乱的奔跑其实就掩盖了一种欣喜；甚至连自虐式的弃绝都是一种自娱的游戏，与其说从这里走向童年的末日，不如说走向自我更新。"至福"的境界随时都可以从弃绝的生活缝隙中敞开，因为生活是如此无望地处于绝境，只要稍微不那么绝望，就是难得的快乐了。我们这个小小的主人公真正有一种西西弗斯的精神，加缪称之为悲剧，在我看来那也是一种幸福，孙光林，这个倒霉的孩子不就是经常这样向弃绝的生活争取幸福吗？

因而，那些本来令人悲痛的事件，却经常变得感人至深，它们洋溢着一种奇怪的"至福"情调。当养父自杀身亡，病魔缠身的养母也悄然离去时，十二岁的"我"突然成了孤儿，唯一的财富就是养母李秀英遗留的那把小凳子，这个真正的孤儿把凳子重新扛到了肩上，"然后哭泣着走出码头"。随后发生的故事是两位少年朋友悲壮的送行：

> 刘小青则是憨厚地替我扛着那把凳子，跟在我们后面。可我后来却遗忘了这把凳子，就像李秀英遗忘了我一样。轮船驶去以后，我看到国庆坐在那把凳子上，架着二郎腿向我挥手，刘小青站在一旁正向他说着什么。他们置身其上的堤岸迅速地消失了。

我想，任何人读到这一段都不会无动于衷的，一个十二岁的少年被"弃绝"到这样一个孤立无援的境地，给予他支持和慰藉的只有同样不谙世事的少年朋友，他们全然不知，也不理会前面生活的凶险，这次绝望的送行就像是随便举行的一次游戏，那把凳子使不幸的生活变得生机勃勃，兴味无穷。正是这种幽默精神，这种盲目的幸福感，生活在任何时候都不会令人绝望，相反，人们总是生活在绝处逢生的"喜悦"之中。因此不难理解，余华讲述的这部弃绝的心理自传，看上去更像是一次拼合摆弄破碎生活的游戏，那些微不足道的快乐，笨拙的欲望，盲目的欣喜，纯朴的友情，可笑的失败等等，都使身处孤独中的"弃绝"变成一次幸福的体验。

## （二）拓展阅读

比较阅读下面两篇文章，联系小说内容思考：

1. 为什么孙光林在"成长的苦痛"中实现了"救赎"，而霍尔顿却是悲剧的结局呢？

2. 两部小说在呈现人物命运的手法上有何不同？

## 《麦田里的守望者》的悲剧性解读[①]

### 洪增流　王　静

### 一、引言

杰罗姆·戴维·塞林格是美国当代著名小说家。其作品数量不多却在美国社会和文学界产生很大影响。其处女作《麦田里的守望者》也是其唯一一部长篇小说，一问世就好评如潮，在青少年中风靡一时，同黑人作家拉尔夫·艾里森的《无形人》一起被称誉为"现代经典"。小说讲述的是出生于纽约一个富裕的中产阶级家庭的十六岁的中学生霍尔顿·考尔菲德的故事。其父母和学校里的老师强迫他好好读书，为的是能"出人头地，以便将来买辆混账凯迪拉克"。而他看到周围的人"一天到晚干的，就是谈女人、酒和性"。由于霍尔顿看不惯这一切却又深受影响，根本无心用功学习，结果被开除出校。他不敢贸然回家，遂只身在纽约游荡了一天两夜，其间他喝酒，打架，抽烟，召妓，以此打发消磨时光。他看透了周围世界的虚假，企图摆脱这个虚假的成人世界去寻找纯真与友爱，由于无法调节现实与理想之间的矛盾，最终彻底崩溃，躺倒在精神病院。小说以霍尔顿为主人公，以其在精神病院自述的形式详细追述了自己精神崩溃的全过程，展现了青少年的复杂心理，揭示了现代人的精神危机和悲剧。本文旨在解读小说主人公霍尔顿的悲剧命运产生的原因、表现及其深远意义。

### 二、悲剧的内在根源

无可否认，社会和历史等种种外在因素是存在的先决条件。50 年代的美国高速发展的物质文明掩饰不了精神生活的空虚，整个社会呈现出荒原般的

---

① 洪增流，王静.《麦田里的守望者》的悲剧性解读. 安徽理工大学学报(社会科学版)，2003，5(4)：69－72.

景象。50 年代被称为"静寂的五十年代"或"怯懦的五十年代"。其间有些青年人看不惯这虚伪的世界,想推翻它却又找不出一个合理的替代物,由于找不到一条光明的出路,只好以消极的方式对现实进行反抗。他们在历史上被称为"垮掉的一代",霍尔顿就是其中一员。存在主义哲学家认为个体应承担起通过他的行为来选择一套价值体系的责任。也就是说,一个人的命运是由他自己造成的。因此霍尔顿的悲剧命运除了与他所处的时代的大环境有关以外主要源于爱的缺失以及信仰的危机。

在人的成长中,家庭对孩子的成长和性格的形成起了关键性的作用。如果生活在一个充满爱和理解的家庭,孩子的心智是健全的,他很容易得到满足。反之,孩子就会感到空虚,产生不信任感。霍尔顿就属于后一种。出身中产阶级的他除了从父母那得到肆意挥霍的物质生活之外,精神需求丝毫得不到满足。小说中霍尔顿出现的场景其父母一直缺席。唯一的一次碰面也只是在黑暗中擦肩而过。在霍尔顿的叙述中,读者可以了解到他的父母根本不关心他的内心体验,只是按照世俗的方式将他送入昂贵的私立学校,好让他"出人头地,以便将来买辆混账凯迪拉克"来光宗耀祖。一旦霍尔顿有所违拗,爸爸就会要了他的命。他们这种做法很让霍尔顿反感,却又无可奈何。父亲的打骂让他从小养成了逆来顺受的懦弱性格。用他自己的话说就是"我骨子里真的是个胆小鬼"。所以当他的手套被偷走以后,他除了忍气吞声外也没采取什么实质性的行动。当他被开除出校时,他也不敢马上回家。从某种程度上讲,尽管霍尔顿的父母健在却形同虚设,他成了精神上的孤儿。因此在无意识中,他始终在寻找着母亲与父亲。在与同学嬉闹的时候,他反复地说着:"亲爱的妈妈,这儿的一切怎么都这样黑啊。""亲爱的妈妈,把你的手给我吧。你干吗不把你的手给我呢!"短短几句话却道出了他内心的孤寂与苦闷和对爱的渴望。

既然家庭不能为霍尔顿提供一个温暖的避风港,他只好尝试着从外界获得精神安慰。他首先想到的是传统的宗教。然而霍尔顿并不像别人那样相信神灵的存在。父母信不同的教,家里的孩子自然就什么教都不信。他之所以求助于宗教,一是找不到其他的精神安慰,二是想找一个偶像来崇拜,以此来发泄自己内心的孤独与苦闷,给精神找个寄托。在霍尔顿心目中耶稣是一个完美的形象,他既法力无边又富于大无畏的牺牲精神。所以他崇拜耶稣,就像崇拜电影明星一样。当他和那个叫亚瑟·查尔兹的家伙就耶稣和他的门徒的有关事情发生争论时，就像两个影迷在维护自己偶像的声誉。但令霍尔顿难过的是耶稣已经死了，而且耶稣死时太匆忙，没能选好门徒。这些门徒只会把已经忏悔的犹大打入地狱。《圣经》里除了耶稣以外，他最喜欢那个住在坟墓里不断地拿石头砍自己的疯子，"我喜欢他要胜过那些门徒十倍。"他对耶稣的门徒不感兴趣，不相信人类会靠耶稣或其门徒而得到拯救。

缺乏温暖的家庭和虚假的宗教让霍尔顿深深地体会到冷漠的情感对人心灵的伤害。年少的他集过度的敏感和深刻的洞察力于一身，但在气质上又显得过于纤柔。这种个性注定他更易为生活所伤害而成不了真正的叛逆者，在洞察人生百态的同时，也更易为生活卑劣和丑恶的一面所羁绊。这种性格注定了霍尔顿的反叛以悲剧收场。

### 三、梦想与现实的脱节

作为一个颇有反叛精神的典范，人们常常将霍尔顿和马克·吐温笔下的哈克·贝利芬进行比较。的确，两少年之间有很多相似之处。但是哈克是一个有独立精神的个体。他天性单纯却又老练多谋，讲究实际不做白日梦。在他的身上体现了那个时代的粗犷活力。而与哈克相比，作为现代文明人的霍尔顿显得十分柔弱。他天性纯良却惮于幻想；洞察一切，却无力反抗。他的懦弱与反叛构成一对不可调和的矛盾。家庭与社会的冷漠让他痛苦不堪，但孩子的虚荣心让他羞于承认自己的孤独与痛苦。他只有一边舔着流血的伤口，一边用一个个脱离实际的幻想来麻痹自己。

十六岁的霍尔顿正好位于儿童和成人的分界线上。这个困惑的年龄造成了他的理想与现实的严重脱节。处在过渡年龄的霍尔顿集儿童的纯真善良、敏感与成人的世故庸俗无聊于一身。儿童的天性让他总能体察别人的心境和难处，总是以热心和友爱来帮助别人。当他在火车上遇到同学摩罗的母亲时，他硬是编造了一个关于她儿子是个了不起的人的善意的谎言来安慰这位挺不错的女士，其实摩罗是一个爱用毛巾抽人屁股的家伙。但是霍尔顿的天生的敏感和洞察力让他在发现事物美好的一面的同时，又找到了事物丑陋的一面，并时常为这些与己无关的负面的影响难过，以致郁结在心头挥之不去，从而影响了自己对事物的正确看法。所以当一名老校友在返校日拜访霍尔顿寝室时，霍尔顿不仅不接受他的忠告，反而为其贴上"假模假式"的标签。霍尔顿的注意力全集中在老校友呼噜呼噜的喘气声上。霍尔顿认为"他不是坏人。可是不一定是坏人才能让人心烦——你可以是个好人，却同时让人心烦"。由此可见霍尔顿是个完美主义者，他不能容忍一丝一毫的错误，他的敏锐的洞察力让他既发现了缺点又让他失去了朋友。由于没有可以交流的对象他内心极度苦闷，孤独感频频向他袭来。在被开除后，他有家不敢回，只身游荡在纽约城，满心希望能像哈克一样发现一片心灵的净土，不料却闯进了精神的废墟。在熙熙攘攘的人群中竟找不到一个可以交流的对象，极度孤寂让他不禁哭了出来，他口中说着"劳驾啦，我寂寞得要命"恳求他遇见的每个人来陪他喝一杯，均遭到了拒绝。在绝望中他甚至想到了自杀。为了排解心中的苦闷，他用成人的庸俗方式麻醉自己：他逛夜总会，滥交女友，说脏话，酗酒，糊里糊涂地召来妓女，情不自禁地与虚荣庸俗却颇具美色的女友搂搂抱抱。他内心苦闷，彷徨，企图逃出"虚伪"的成人世界去寻找纯洁与光明。

这里霍尔顿以一个介于儿童和成人之间的边缘人的形象出现，既不属于两者又与两者有着剪不断理还乱的联系。其实万事万物都有两面性，无论是成年的世界还是儿童的世界都有其肯定和否定的一面，而霍尔顿从小孩子的视角出发，简单地将世界划分为成人世界和儿童世界。其中儿童世界是一切美好的象征，而成人世界是腐化堕落的集中体现。霍尔顿在尝尽了成人世界的冷漠虚伪以后，很自然地将全部的希望寄托在充满纯真和友爱的儿童世界。这种美好集中体现在他的小妹妹菲苾和死去的弟弟艾里身上。生活的美好是弟弟艾里的用绿墨水写着诗句的垒球手套，是他大笑时的模样，是妹妹菲苾盘腿坐在床上的样子。儿童的天真与友爱对霍尔顿的极度崩溃的神经起着绝佳的镇静作用。当妓女桑妮羞辱了霍尔顿走后，霍尔顿心情极度沮丧，他开始大声地跟艾里讲起话来以缓解压力。当霍尔顿偷跑回家，菲苾在黑暗中把自己所有的零花钱都递给他时，霍尔顿情不自禁地哭了。孩童的友爱唤起了他生存的希望。然而美好的事物都是稍纵即逝，艾里已经死了而菲苾的纯真世界也面临成人世界的威胁，小学校的墙上随处可见"×你"的污秽字眼。面对这种情形，霍尔顿萌生了要当一个麦田守望者的愿望。"我老是在想象，有那么一群小孩子在一大块麦田里做游戏。几千几万个小孩子，附近没有一个人——没有一个大人，我是说——除了我。我呢，就站在那混账的悬崖边。我的职务是在那儿守望，要是有哪个孩子往悬崖边奔来，我就把他捉住，……我整天就干这样的事。我只想当个麦田里的守望者。我知道这有点异想天开，可我真正喜欢干的就是这个。我知道这不像话。"这里麦田象征着精神的庇护所，是纯真和爱的体现。而上面奔跑的儿童则代表着萦绕在霍尔顿心头的永恒的童年。麦田与儿童构成他一直追求的纯真理想，是梦幻的集合。那"混账的"悬崖下面虽然是腐化虚伪的成人世界却是真实世界的写照。由儿童到成长为成人，不管在心理上还是在生理上，都是一个不可逆转的必然趋势。而霍尔顿却想竭力地阻止这种过程甚至想逆转它，其实是在跟自然规律做斗争，这注定了他的努力要以失败告终。而且沾染上成人恶习的他也不可能担当好守望者的职务，处在悬崖边上的他极有可能是第一个掉下去的人。其实他才是最需要帮助的人。霍尔顿自己也知道他的梦想是异想天开，却仍然执着追求。但现实注定了他的追求一次次地失败，他的向往只是一场不切实际的白日梦，他的行动一步步把他带入孤独与绝望，最后无路可走的悲剧性境地。

### 四、生存还是毁灭的困惑

"生存还是毁灭，这是一个值得思考的问题；默然忍受命运的暴虐的毒箭，或是挺身反抗人世的无涯的苦难，通过斗争把它们扫清，这两种行为，哪一种更高贵？"这段丹麦王子哈姆雷特关于"生与死"的内心独白清楚地道出了他当时的困惑与痛苦。而作为现代西方文明反叛者的霍尔顿同样为这种选择困扰着。如果说哈姆雷特的困惑在于认识责任后意志的软弱，那么霍尔顿的困惑在于天性懦弱且责任不明。霍尔顿的反抗只是出于个人在社会中遭遇的挫折而产生的愤世嫉俗。他的反抗没有明确的目标，仅是简单的指向成人世界，而且在走向反叛的过程中颇多不切实际地幻想，他的思想也总是在生与死的问题上摇摆不定。

哈姆雷特最终选择了与敌人同归于尽，而霍尔顿也曾考虑过死亡，尤其当他遭受挫折的时候。死亡对于霍尔顿有着特殊的吸引力。这种吸引力主要来自于他死去的弟弟艾里。艾里在霍尔顿心中是纯真和爱的化身，是霍尔顿苦闷心灵的慰藉。艾里的死一度让霍尔顿伤心欲绝，在他看来死去的艾里比他认识的那些活人要好一千倍。所以当满是幻想的霍尔顿由于在现实中遭受挫折而走投无路的时候，他越发怀念纯真的艾里，甚至大声地同艾里讲起话来。从另一方面来说，死的渴望也折射出霍尔顿对爱的渴求。当艾里死后，父亲母亲尤其是父亲一改往日的冷漠与严厉，表现出少有的温情，并为之难过得要命。这一点让霍尔顿看在眼里牢记在心。他甚至幻想过自己死后父母难过的表情。对霍尔顿来说，死亡既可以让他摆脱人世的苦海又让他得到人们的关心。然而他并没有选择死亡，因为小学同学凯瑟尔自杀的那幕惨剧仍然历历在目。同霍尔顿一样厌倦这个丑恶世界的凯瑟尔因为不肯向校园的恶势力屈服，选择跳楼自杀作为抗争手段，结果死状极惨，而恶势力也没有得到应有的惩罚。作为反抗恶势力的斗士，凯瑟尔的死不但没有唤起周围人的觉醒反而给他的同盟者霍尔顿敲响了警钟，让他再也不敢主动反抗。既然霍尔顿不能挺身反抗人世的苦难，就只能忍受命运的毒箭。从外表上看，他同其他同学一样：讲脏话，酗酒，整天谈论性和女人。然而他这样做一方面可以发泄对社会的不满，另一方面可以与其他人达成认同，以防落得凯瑟尔的下场。虽然他表面认同别人庸俗的价值观，而内心实际上推崇的是一种真实美好充满爱与理解的理想主义的精神境界。

作为一个懦弱而又热切追求理想的人，霍尔顿既不愿死也不愿苟且偷生，最后他选择了逃避。他想到西部去，那儿阳光明媚，更重要的是没有人认得他。他可以做个又聋又哑的人从此不用再讲混账话，不用再和人交往。他要像梭罗那样在林边建一个小屋，完全隔绝于这个虚假的世界。然而他的逃避并不能成为现实。梭罗最终还是回到了现实的喧嚣，因为开发西部的时代也早已过去，走到哪也都是人的世界。霍尔顿心里也很清楚"麻烦就在这里。你永远找不到一个舒服、宁静的地方，因为这样的地方并不存在。你或许以为有这样的地方，可你到了那儿，只要一不注意，就会有人偷偷地溜进来，就在你鼻子底下写了'×你'字样"。现实的残酷与丑恶让霍尔顿无处藏身，而精神的重负又压得他喘不过气，走投无路的他终于精神崩溃，住进了精神病院。一天两夜的辛苦奔波最终以悲剧收场。

## 五、结论

作为一个处在过渡年龄的少年。霍尔顿的性格颇为复杂，家庭环境造成了他性格的懦弱和对爱的渴求。天性的敏感让他过早地觉察到世事的丑恶。他有反抗的要求，但目标不明又存过多幻想。他是个在现实和理想之间摇来晃去的人。理想与现实的脱节和对立注定了他对爱和真理的追求以悲剧告终。

脆弱敏感的自我与外部世界冲突必然会导致个体精神或肉体的毁灭。然而个体却力图赋予抗争的无意义以意义。因为只有在这种持久不断的努力中，人才能不断证实自己作为人的存在的真实性，才能体验作为人的价值和尊严，尽管他心里明白这种努力其实毫无意义。这可以称作为现代的反英雄的英雄主义。霍尔顿是当代美国文学中最早出现的反英雄形象之一。在他身上集中体现出来的现代人的生存的真实困境与现代人所理解的人本体的自由生存和理想人性之间的冲突，构成了西方现代悲剧的特征，具有普遍意义，这也是《麦田里的守望者》这部小说深受欢迎的原因之一。

## 自我凌迟的艺术：略论余华《在细雨中呼喊》①

彭明伟

### 一、前言

阅读余华的小说并不让人愉悦，反倒更像是一种折磨，但又不忍释卷。进入正题前，我想先扯点闲话，说说这种奇特的阅读经验：读余华早期小说的同时最好佐以闲书以平衡心理的负荷。我从书架上抽出青木正儿《中华名物考》，因为我刚从绍兴品尝绍兴酒老酒返回台湾，想弄清花雕酒的由来，于是参考青木先生早年关于中华风俗名物的考证。青木先生的考证丝毫不枯燥，有趣得很，你读他闲谈花雕酒的文章，从字里行间仿佛可嗅到酒香，看到酣然陶醉的青木先生。这样轻松自在的文章正好平衡了余华小说给人的铺天盖地的不安和恐惧。青木先生安然地将个人寄托于学术，将个人融入于古典传统——这古典传统不是中国人所独享的，对青木先生而言也是他所共享的文化遗产。弥漫余华小说世界的躁郁不安正来自一种孤独的无依无靠感。

《在细雨中呼喊》（原题《呼喊与细雨》）发表于 20 世纪 90 年代之初，写的就是人生活在无边无际的威胁恐惧之中，无依无靠的孤独感受。这是余华第一部长篇小说，也是余华早期小说创作的总结和巅峰，其成就颇受评论家肯定，如陈晓明表示：

……我却又不得不认为，《呼喊与细雨》在某种程度上是近几年小说革命的一次全面总结，当然也就是一次历史献祭。这样的作品，标志着一个时期的结束，而不是一个新时代的开始。

陈晓明称为这部是余华的绝望之作。日后余华的《活着》《许三观卖血记》等几部长篇小说读来虽顺畅舒服多了，但也失去了紧张感，减却了对历史、存在困境的敏锐感受。

---

① 彭明伟. 自我凌迟的艺术：略论余华《在细雨中呼喊》. 两岸青年文学会议论文集，2011.

表面上来看，《在细雨中呼喊》故事以 20 世纪 60、70 年代中国"文化大革命"时期为背景，有着家族小说的架构支撑，但余华淡化小说里的历史社会内容，仅剩一个历史轮廓。这部小说其实可说是由几篇中短篇的人物故事拼凑连缀而成，小说人物的境遇主要透过叙事者孙光林"我"个人的心灵而得到反映。余华写作的兴趣偏于人物内心而非历史现实。洪治纲概括余华等在内的 60 年代出生作家，认为他们"从一开始就自觉地撇开了对宏大历史或现实场景的正面书写，自觉地规避了某些重大的社会历史使命感，而代之以明确的个人化视角，着力表现社会历史内部的人性景观，以及个体生命的存在际遇。"余华关注的正是小说人物饱受屈辱、苦难折磨的过程，他一笔如同一刀，用凌迟的方法细致深入描写人物承受的痛苦，但这种凌迟对写作者又非愉悦，反倒是一种自我凌迟。以下是我个人阅读余华小说的感触或疑惑，我希望尽量轻松而谈以平衡阅读中的不安。

## 二、自我凌迟的写作

写作是重新体会他人的苦难，写作之极致则是在写作过程中的自我凌迟。最能展现余华这种倾向是他的暴力写作的巅峰之作《一九八六年》，余华叙述故事中的疯子（历史老师）从"文革"回到 80 年代，他最后将各种古代酷刑施加在自己身上。余华对于疯子自我凌迟的细节描写可说是极其铺张细致，这其中展演的意味浓厚，但也透过这种夸张的展演，余华将读者拉进那一段已经被遗忘的历史，充满血腥暴力的"文革"历史。对于余华而言，写作并不愉悦，写作更多的是痛苦的重新体验，他自陈 20 世纪 80 年代后期写作充满暴力的小说时经常是现实和恶梦交织让自己搞不清生活和梦境的界线。

余华小说充斥人物受苦的故事，他对这类题材似乎情有独钟。关于余华好写苦难，郜元宝曾表示困惑，他说："我们确实很难断定余华对自己笔下的苦难人生究竟有怎样的想法和感受。事实上，余华越是将人间的苦难铺陈得淋漓尽致，他寄寓其中的苦难意识就越是趋于某种令人费解的缄默与暧昧。"在铺天盖地的苦难之前，余华的立场的确不清楚，甚至有些暧昧，他回避了一般的政治评断或世俗的道德标准，他反对对人物、对历史进行僵化、概念化的认识。郜元宝认为：

余华的方式，直观地看，就是一种不介入的方式，也就是在苦难人生的呈现过程中拆除我们的文学作品习见的那道理智和道德防线，让苦难以苦难的方式而不是以经过种种包装过的形态，不加节制地呈现出来。这样不仅加强了苦难描写的刺激效果，也使苦难的呈现获得了某种纯粹和透彻。

我想余华面对人间的苦难并非漠然，反之，我们不难看出他对人与人之间的冷漠冷酷深感憎恶、对亲友之间的背叛相残深感愤怒，《一九八六年》《在细雨中呼喊》等诸多作品都对冷眼围观的看客进行批判。余华的不介入是否定、怀疑世俗陈见、道德概念，他摸索一种人与人之间、写作者与被描写的对象之间更深刻的同情共苦的趋同心。只是余华擅长以荒诞滑稽的笔法叙述，他对人物的博大同情隐藏在可笑的细节之间。近期余华谈到自己的写作时不断强调"痛感"这个关键要素，他说：

> 这样的感受刻骨铭心，而且在我多年来的写作中如影随行。当他人的疼痛成为我自己的疼痛，我就会真正领悟到什么是人生，什么是写作。我心想，这个世界上可能再也没有比疼痛更容易使人们相互沟通了，因为疼痛感的沟通之路是从人们内心深处延伸出来的。所以，我在本书写下中国的疼痛之时，也写下了自己的疼痛。因为中国的疼痛，也是我个人的疼痛。

我想这是余华最直接表露驱使自己写作的疼痛感受，刻骨铭心的痛感。中国的苦难也是他个人的苦难，余华的写作和现实的苦难之间有着十分密切的关联，他的小说不仅是小说形式的先锋实验，而且将国民性论述包含在其中。这种当代中国的国民性论述，与鲁迅式的启蒙主义国民性论述相似，但还是有明显区别，余华显然不以知识分子、先进的启蒙者自居，他不忍中国人像他小说世界的人物那样活着，但他又要以什么立场来关切批判当代中国的现实问题呢？

### 三、无依无靠的世界

余华的小说人物几乎都是没有缘由地诞生在无依无靠的世界，饱受屈辱、在无边无尽的恐惧中苟活。若从当代中国历史来说，"文革"等政治运动在"后文革"时期所造成的反弹导致了大历史叙述迅速崩解、传统家族、家庭结构瓦解、子女父母间的人伦亲情淡薄，甚而反目成仇。余华并不说明或追究造成当代中国人无依无靠的生存状态的根本因素，他直接分析描述这样的孤独的生存状态，例如《十八岁出门远行》《四月三日事件》《一九八六年》《鲜血梅花》《在细雨中呼喊》等诸多小说都以人物莫名其妙地被抛弃的荒诞背景来展开故事。

如《四月三日事件》中，余华描写主人公"我"在十八岁前夕惊觉：

> ……这时他突然感到明天站在窗口时会不安起来，那不安是因为他蓦然

产生了无依无靠的感觉。

无依无靠。他找了这个十八岁生日之夜的主题。

又如《鲜血梅花》中的主人公阮海阔为报杀父之仇，开始找寻仇家的漫游，在出发之际母亲却自焚而死。余华叙述："大道在前面虚无地延伸。母亲自焚而死的用意，他深刻地领悟到了。在此后漫长的岁月里，已无他的栖身之处。"

如在《在细雨中呼喊》开头，余华开宗明义说明题旨，他要说的故事便是以恐惧、不安、孤独、无依无靠为开端。他叙述：

我看到了自己，一个受惊的孩子睁大恐惧的眼睛，他的脸型在黑暗里模糊不清。那个女人的呼喊声持续了很久，我是那么急切和害怕地期待着另一个声音的来到，一个出来回答女人的呼喊，能够平息她哭泣的声音，可是没有出现。现在我能够意识到当初自己惊恐的原因，那就是我一直没有听到一个出来回答的声音。再没有比孤独的无依无靠的呼喊声更让人战栗了，在雨中空旷的黑夜里。

无栖身之所、无依无靠是故事的背景开端，也是人物内在的心灵境况，人与人之间没有信任感，人与人之间没有同情温暖，小说人物就在这样的世界里漫无目的地游荡，不知要追求什么，但明确的终点是死亡。

我想可用一个非虚构的、现实的故事来说明置身于这种无依无靠的处境。文学史家洪子诚曾叙述他在"文革"时期初次遭受学生围剿批判的经验，某天他心里毫无准备接获通知参加学生的班会。到会场时从墙上的大字报便发觉事态不妙，他说：

……我来不及细看，推开他们通常开班会的房门，发现全班三十几位同学都已挤在里面。所有的人都沉默着，屋里出奇的安静；都看着我，却没有人和我打招呼。我看到床的上下层和过道都坐满了人，只有靠窗边空着个凳子；意识到这是我的座位。便低着脑袋，匆匆走到窗边坐下。

他突然被抛入这个批判会，在众人环伺下孤独地坐在窗边，他承受被众人围观、准备遭受围剿的恐惧，假借政治权力的众人正要施加群体暴力，在那一刻平日的师生关系全然消失，取而代之的是敌我分明、批判者和被批判者的以强凌弱的压迫关系。他清楚意识到自己孤独的处境。遭受这次学生围剿批判之后，那些年又有大大小小的批判会，如同家常便饭，洪子诚说："我和学生的关系，从表面上看，很快也恢复到原先的状况。而且，好像是一种默契，关于那次批判会，我们后来谁也没有再说过一个字。但是，对我来说，存在于心理上的隔阂、障碍，却没有完全消除。"有意无意间大家忘却过去这段难堪的岁月，批判者和被批判者达成忘却的默契，但师生之间的情谊既毁于一旦，再也难以复原。

人与人之间的各种情谊十分微妙也十分脆弱，敏锐的文学家无不在创作捕捉这种珍贵的题材，努力在作品中复原被现实消磨殆尽的人情温暖。余华也是这样敏锐的作家，他叙述在无依无靠的世界里人们如何从他人寻求一点点的信赖与温暖。那温暖的片刻即便如何短暂，也足以让人永生难忘。

### 四、儿童视角下的余生故事

《在细雨中呼喊》的故事由两个主要叙事脉络交织穿插而成，一是"我"孙光林的成长故事，另一是他的亲友邻里遭受苦难的故事——遭受关键打击后如何苟活至死的故事。余华小说偏好采取儿童少年的叙述视角，《在细雨中呼喊》也是如此。关于这种叙述特点，陈晓明曾加以特别分析，他认为余华采用儿童视角、非成人化视点具有反抗父亲、权威压迫的意义。我想余华主要是透过无依无靠的弱小者来看世界，但同时也写出弱小者反抗暴力时所采用的奸恶暴力。余华小说中的儿童少年并非干净无邪，他们的所作所为并不具有一切正当性，他们甚而依循成人世界的邪恶秩序、奉行以暴制暴的原则，继续参与推动邪恶暴力的秩序运作。余华笔下的儿童是成人的胚胎，在缺乏温暖的环境只有恶的力量能够成长，完成恶的循环和暴力的复制。例如在《在细雨中呼喊》中，余华描写了"我"对他人的"威胁"：以更大的暴力造成他人恐惧，"我"对同学国庆的威胁或"我"对养父王立强的威胁皆是如此。

在故事中，"我"孙光林冷眼旁观他人的悲哀故事，近似鲁迅《祝福》里的"我"，但孙光林本身是如同祥林嫂般的弱小者，也是受害者，余华藉以描绘当代中国社会的吃人状况。不过，这受害者看似天真无辜，但也有其作为暴力加害者的一面，这是余华对于儿童、对于人的看法。鲁迅在《孤独者》中描写魏连殳对儿童的看法，为人间恶之根源感到困惑。以《一九八六年》这暴力的故事为例，受害者与加害者、弱者与强者同体的思维，倪伟分析疯子的自残行为时表示：

……在他对自己的身体实施一轮又一轮的酷刑时，他在幻觉中始终是以执刑者也即暴力主体自居的，正是生杀予夺的权力幻觉补偿了肉体的痛楚，并使他体验到了极度的快感。

余华这种人性观让人惊恐，不过他的小说人物无论多么恶劣，总仍葆有一点人性和温暖，绝非人性泯灭的禽兽。故事中最动人的如"我"的父亲夜晚独自在母亲墓前恸哭，流露了真性情，尽管这个父亲毕生以暴力对待妻小、长久与情妇苟且荒唐度日，几乎没有任何优点可言。

余华小说故事中所有的人物都是孤独寂寞的，独自承受漫长苦难的折磨，《在细雨中呼喊》亦然。余华刻画人生苦难有其独到之处，他特别把握人物在生命中关键的毁灭性的一刻，例如《一九八六年》《黄昏里的男孩》《蹦蹦跳跳的游戏》等。这些小说故事都是从人物的个人生理、家庭遭受重大打击之后开始讲述的，这种故事的开端显示余华小说叙述的重心不在人物故事的结果、结局，而在于遭受暴力冲击毁灭之后人物如何默默承受痛苦、如何挣扎修复创伤的过程。余华的小说故事偏爱叙述在屈辱之后，人物如何隐忍过活，渡过余生。相较于鲁迅，余华小说偏爱写人一生的故事，以死亡为终结的完整故事，其高潮在于刻骨铭心的屈辱事件。他往往已知最后结果，再回顾评判人物的一生。鲁迅小说则偏爱写人的一个片段，他的叙事者通常置身故事之中，不明未来的前景。余华小说人物的余生有多长呢？苦难、屈辱总是绵延不绝，非得到死才到尽头。

例如《一九八六年》叙述一位在"文革"时期遭受丧夫之恸的妻子，在此后余生的恐惧，丈夫的拖鞋声永远在她耳边回响。余华叙述：

当初丈夫就是在这样一个漆黑的晚上被带走的。那一群红卫兵突然闯进门来的情景和丈夫穿着拖鞋嚓嚓离去时的声音，已经和那个黑夜永存了。十多年了，十多年来每个夜晚都是一样漆黑，黑夜让她不胜恐惧。就这样，十多年来她精心埋葬掉的那个黑夜又重现了。

恐惧伴随她的余生，能抗拒这种恐惧的唯有遗忘。

在《在细雨中呼喊》开头，"我"开始叙述故乡南门的家人邻居，首先就是自己一桩刻骨铭心的屈辱事件。"我"最初遭受父亲的暴力被绑在树上殴打，而自己的兄弟在一旁冷笑，还有众人的围观。余华叙述：

父亲将我绑在树上，那一次殴打使我终身难忘。我在遭受殴打时，村里的孩子兴致勃勃地站在四周看着我，我的两个兄弟神气十足地在那里维持秩序。

这样初始的屈辱经验当时让他立誓偿还，也跟随"我"一辈子，因而他对陷入窘境中的各种人物观察特别深入。

《在细雨中呼喊》是余华的首部长篇小说，但实际上可说是由几部中短篇小说连缀而成，基本构思是短篇的而非传统情节紧密连贯的长篇。余华仍是个擅长短篇的小说家，他在此时驾驭长篇小说的能力仍然不足。《在细雨中呼喊》的故事由"我"孙光林家族三代以及南门、孙荡两地的同学友人组成，人物故事彼此关联不大，可说是各自独立发展，但整个由叙事者"我"凑合起来，展现一个充满恐惧不安的当代中国社会。

例如小说开头写冯玉青的屈辱与复仇，她的故事便是由遭受王跃进当众羞辱后开始，之后决心在王跃进的婚礼时玉石俱焚。"我"在一旁观看，印象深刻。他说：

就是这一年秋天，冯玉青的命运出现了根本的变化。我记得非常清楚，那天中午放学回家路过木桥时，我看到了与往常判若两人的冯玉青，在众多围观的人中间，紧紧抱住王跃进的腰。这一幕情形给当时的我以沉重一击，那个代表着我全部憧憬的姑娘，神情茫然地看着周围的人，她的眼睛充斥着哀求和苦恼。而旁人看着她的目光却缺乏应有的同情，他们更多的是好奇。被抱住的王跃进嬉笑地对围观的人说：

"你们看，她多下流。"

此段具备余华小说的所有基本要素的互动关系，受屈辱者、施暴者与看客。类似鲁迅诸多讽刺看客的作品，但余华笔下突出的是被冷漠围观的受屈辱者，而非遭难的革命者或麻木的看客。

之后的故事中，余华将细致铺陈冯玉青受屈辱后的余生，但此前冯玉青还有一次伟大的复仇行动。她以其人之道还治其人之身，藉众人围观的压迫力，摧毁王跃进的婚姻。余华叙述王跃进的婚礼上，冯玉青展开沉静冷酷的复仇。余华透过"我"之眼描写："冯玉青站在屋前，神情茫然地望着正在进行的与她无关的仪式。在所有人里，只有冯玉青能够体味到被排斥在外是什么滋味。"不过，冯玉青心里早有盘算，她在众人欢聚醑饮之际，从容不迫地用一根挂在树上的草绳巧妙地破坏婚礼欢乐气氛。余华描述说："草绳如同电影来到村里一样，热闹非凡地来到这个婚礼上，使这个婚礼还没结束就已悬梁自尽。"王跃进的新娘明白了一切，在婚礼当场三番两次闹自杀。而冯玉青坐在屋前台阶上远远看着这一切，之后不久便悄悄离开南门。

这部小说中反复运用这种故事模式、讲述人物遭遇。如小说结尾，"我"的养父王立强与同事之妻的通奸私情遭到好事者揭发，两人全身赤裸当场被逮，受尽侮辱。王立强决心用手榴弹报复揭发者，最后在被众人围剿情势下，他引爆另一颗手榴弹自尽。又如弟弟孙光明溺毙后，父亲、哥哥在创痛之际，突发奇想，妄想当上"英雄的父亲、哥哥"，靠死去的孙光明带来名誉权势，不过这妄想不仅未能实现，反倒招致后来一连串更大的屈辱，从此父亲一蹶不振，成天与邻居寡妇厮混。让人印象深刻的是祖父的余生。祖父在腰伤之后失去劳动能力，在家中饱受父亲和哥哥的侮辱，最可悲的是他的余生漫长而不知所终，临死之际还求死不得，落得难看至极的死相，遭众人嫌恶。

余华小说人物的暴力具有某种反抗、复仇的性质，显现坚韧不屈的灵魂，与鲁迅笔下沉默隐忍的灵魂迥异。如《祝福》中的祥林嫂，鲁迅的人物默默承受创伤，隐忍顺从，但余华的人物则以暴力反抗，以暴制暴，有时以更大的暴力制伏先前的暴力，造成暴力连锁反应过程，例如《现实一种》这篇展现暴力报复的可怕后果。这种没有理想的复仇，虽是弱小者的反抗，但也更加巩固人吃人的社会秩序。如《祖先》中，余华描写一群吃掉自己祖先的人们。余华透过新来的教师之口说道："他是我们的祖先！是我们爷爷的爷爷，而且还要一直爷爷上去，村里人谁都没说话，每家的炊烟都从屋顶升起，他们吃掉了自己的祖先。"阿Q、祥林嫂的时代过去了，余华刻画当代中国的人物仍在人吃人的世界挣扎，眼前还似乎找不到出路，无始无终的恐惧时代，如何终结呢？

## 五、结论：回家的路难寻

如《在细雨中呼喊》故事，人伦道德、家庭制度遭到严重破坏后，如何找回家的温暖呢？这是"我"孙光林和国庆等许多小说人物所渴望的。例如《一九八六年》小说结尾，遭受"文革"创伤的历史老师最后从疯狂中清醒过来，他想要回家，渴望温暖，但不幸他失去身体。更残酷的是，他的妻女最后将他遗忘，享受当下的家庭幸福，根本拒绝这位丈夫、父亲的归来。遗忘过去才能尽情享受眼前的幸福，余华尖锐批判这样的受害者思维。

容我在藉一个现实的故事来说。面对当代中国的历史，洪子诚曾谈到批判者和被批判者的密切关联，他说：

在把"文革"发生的事情，和以前的经历放在一起之后，我开始意识到，我们所遭遇的不正常事态，它的种子早已播下，而且是我们亲手所播。在我们用尖锐、刻薄的言辞，没有理由地去攻击认真的思想成果时，实际上，

"批判者"也就把自己放置在"被批判者"的位置上。

有朝一日，正义的标准变了，批判者沦为被批判者，自己沦入受人围剿的孤独的情境。从历史来看，被害者其实并非无辜的，在以暴制暴的逻辑中鲜少有被害遭难的人愿意面对自己的另一面，反省自己在历史过程中的责任。洪子诚进一步反省说：

……这一对比又使我想到，对于生活中发生的挫折，我没有老师的从容、沉着，我慌乱而不知所措。这不仅因为我还年轻，缺少生活经验，最主要是的是心中几乎没有什么东西可以作为有力的支柱。……在王瑶先生的心中，有他理解的鲁迅有他理解的魏晋文人，有他的老师朱自清。因而，在经历过许多的挫折之后，我们看到的是一种成熟和尊严，这是他在80年代留给我们的印象。而我们呢？究竟有些什么？心灵中有哪些东西是稳固的、难以动摇的呢？

在这篇小文开头，我提到青木正儿之寄托于古典传统，在当代中国许多人也急切找寻稳固的心灵支柱。在余华发表《在细雨中呼喊》这部作品同时，张承志《心灵史》也在中国文坛亮相，张承志藉古讽今，反复叙述清朝西北回民在磨难试炼中成就坚定信仰的故事。余华与张承志之间有着明显的世代落差，他要找到信仰和理想恐怕要更为艰难。

近期的余华作品更具有现实批判力度，他对于过去历史和当前现实问题的响应，采取直接面对，自我反省的态度。余华在其新书《十个词汇里的中国》谈及当前中国社会贫富差距过大的问题，他回想起自己当高中生时曾欺负侮辱一位"投机倒把"的农民的一段往事。他说：

他被释放后，我们这些意犹未尽的高中生走在他身旁，在小镇清晨的街道上不断训斥他。我们是为了炫耀自己而训斥他，……在我们响亮的叫嚷声里一声不吭地向前走去，我们看到他泪流满面，旁若无人的泪流满面。他不时地抬起右手去擦一下眼角的泪水，手的疼痛又不时地提醒他去看一眼自己的右手。我们一直走出小镇，才站住脚，嬉笑地喊叫着训斥他的话，看着他沿着乡村的小路渐渐走远。他在初升的太阳下走去，受伤的右手端到了胸口，带着内心的迷惘，还有满脸的血迹和满脸的泪水，走在漫长的回家路上。

三十多年后的今天，我心酸和充满负罪感地写下这些。我不知道这位善良的年轻农民后来是否如期结婚？不知道他后来如何艰难地偿还借来的九斤油票？我清晰地记得，当我们用砖块击打他的头部时，他克制了自己的愤怒，没有使用拳头还击，仍然只是用手掌推开我们。

余华否定了强者的正义和暴力的逻辑，满怀悔悟说："我们恃强凌弱，以此为乐，还觉得自己每天都在伸张正义。"

写作之于余华是一种挖心自食的过程，也是一种自我凌迟的过程，他将历史罪恶和他人痛苦勇敢地承担起来。我想这是余华走向回家之路的一大步。

## （三）挑战阅读

阅读《青春的倦怠》，结合自己的切身体会思考：迷茫中的孩子如何才能找到回家的路？

### 青春的倦怠[①]

[日]三岛由纪夫

### 一、什么是倦怠？

所谓倦怠是非常奢侈的东西。首先，我现在没有闲工夫拥有倦怠。因为每天得忙于工作，忙于奔波生活。再说，社会上有百分之九十九的人不可能拥有倦怠。而且想要咀嚼真正的倦怠意味，得花费很多金钱。为什么呢？因为随着没钱而来的无可奈何和被逼得走投无路的心境，同倦怠相距甚远。

在人们常说的青春的倦怠里，虽然也有人把没钱去看电影而无所事事地呆在简易公寓的二楼上的情景称为青春的倦怠。但这能不能说是倦怠还是一个疑问。其实，所谓真正的倦怠，是王侯贵族的专利，只有这些人才懂得倦怠的真正可怕。在简易公寓的二楼上恍恍惚惚的人，既苦于处置自身，又难于对付青春，在时而忧郁时而开朗的状态中，打发着无所作为的日子，这样他还是一无所获。而倦怠，则是拥有一切的人，在他们完全派不上用场的时候，才感受到的东西。王尔德曾经说过："人世间有两类不幸，即一无所获的不幸和整个拥有某种东西的不幸。后者更为不幸。"这后者更为不幸的不幸，就是倦怠。

然而，所谓青春就是尚未获得某种东西的状态，就是渴望的状态，憧憬

---

① ［日］三岛由纪夫．青春的倦怠．艺术断想．唐月梅译．石家庄：河北教育出版社，2002：202－209．

的状态，也是具有可能性的状态。他们眼前展现着人生广袤的原野和恐惧，尽管他们还一无所有，但他们偶尔也能在幻想中具有一种拥有一切的感觉。把这种感觉同上述倦怠的定义两相对照，就会明白所谓青春的倦怠，是语言本身的矛盾。实际上，青春是不可能有倦怠的，而且倦怠这种感情同青春的意味是相反的。

## 二、青春的孤独

尽管如此，可是人们为什么要使用青春的倦怠这样的语言呢？因为它是一种带点俏皮，又有点忧虑。就是说，这是忧郁症的，却又带有某种甜蜜感觉的语言。

人们常在公园的长椅子上或在街口处，看见挂着一副副寂寞面孔的青年男女的身影。虽说是男女，却各不相干。他们至少在成对的情侣漫步时，脸上露出奕奕的神采。然而一旦孤独，他们脸上旋即浮现出倦怠的神色。这种神色，其实不是倦怠，而是青春非常迅速的脚步同孤独互不妥协才产生的。

毋宁说，我更想谈谈有关青春的孤独问题。为什么呢？因为没有什么比青春更能强烈地感受到孤独，也没有什么比青春更能与孤独和睦共处。青春在一个个瞬间体味着孤独，并且眼看着行将从孤独中摆脱出来时，顷刻间又消失，复陷入孤独。青春不是孤独的状态。就是说，人既不能充分享受相互亲密、和睦共处、安逸地圆满地共同生活，也不能习惯于这种状态。乍看酷似倦怠的那种孤独，就在那里出现了。我们所称的孤独，是指在这种精神性的共同生活中所产生的、那种唯独自己行将被埋葬掉的感觉。但同时，也是处在这样一种状态，即在这种精神的共同体里，比别人会有更多的憧憬。年轻人对这种状态比别人抱有更强烈的憧憬。在憧憬之余，又不满足于这种憧憬。

让我们假设这里有一个少女吧。这个少女确信自己不能爱别人。她真的不能爱任何人。她偶尔也同男性朋友散步，去看电影，去跳舞。然而，当这位男性朋友向她表示爱意时，她自己的那份爱情却旋即冷却，而且觉得他仿佛是个充满可恨的欲望的怪物，她的幻想立即幻灭，反而变得讨厌他了。于是，她立即回到孤独的状态，在孤独中咀嚼类似倦怠的东西。她一无所获，却还在体味着倦怠。正确地说，是在体味着像是倦怠的东西。

她对人生抱有一种恐惧。这种恐惧使她只想把自己封闭起来。这种自我封闭的心情，同试图深入封闭状态中并勇往直前的心情之间的矛盾，总是使她陷入孤独，并且成为她总是嘟囔着人生真没意思那句口头禅的根本原因。这时候，她会将自己与人生之间拉开某种模糊的距离。试图在其间能够心安理得地获得休息。她会说："寂寞啊！真寂寞!"她知道一旦有了爱，就不会感到寂寞了。但是，她没能找到爱的对象。于是，又不由地说"寂寞啊！真寂寞!"最终又将自己封闭了起来。

她仰望着春天的苍穹、白云，凝视着翠绿的树林。然而，这些景象都没能给她带来任何喜悦，她仿佛在拒绝自己。于是，她自己既不前进，也不后退，宛如处在悬空状态，变得朦胧了。她心想：如果自己能变成整个不存在就好了。可是自己又没有足够的勇气自杀。她想：假如自己能原封不动地变成一缕烟云消失得无影无踪就好了。可是，自己怎么也难以消失。她仿佛在施展隐身法……她带着这种心境，茫然呆坐在窗边。于是，春天渐渐过去，她把这种情景称为青春的倦怠。然而，这究竟包含着什么意思呢？

### 三、充实孤独的方法

在人生的道路上，往往遇到许多这样的情况：最爱装诚实的人，其实是最狡猾的。看似最狡猾的人，实际上在工作中却是最诚实的。这是我们走上社会学到的惊异事物之一。

学生时代，学生还不是社会人，因此学生时代也是只顾滥用诚实的时代。于是，最懒惰的人和最狡猾的人，会滥用诚实而不被人识破就混过去了。

我们经常遇见挂着一副诚实面孔的少女和青年，她和他们着实认真地对待人生，不能宽恕丝毫的罪恶，也不能容忍一点污垢。她们憎恨所谓的成年人，弹劾成年人的肮脏行径。尽管如此，大人们都在从事某项工作，而她们则还没有工作。也就是说，她们还处在青春的倦怠状态。我想说的，是这种倦怠对于人生显得很真挚，但实际上在很多情况下，却是一种狡猾的自我辩护。这是一种不使自己受到伤害的自我维护。于是，作为充实这种倦怠和孤独的方法，人们就读书。

且说，问题是读书的方法。我仔细地回顾了自己青春时代的读书情况，那是我从未有过的，为了自我辩护而读书的时代。换句话说，也没有哪个时代像这时的读书是那样地有助于我的人生，那样地易于掌握。大多数年轻人读书的情况是，缺乏客观性的读书，无批判地读书，为了自己只抽出自己喜欢的书来读，自己先做结论，甚或只取出迎合结论的书来读。表面上看，这种读书似是一心为了探索自己所不懂的东西，而实际上从结果来说，很多都是如上所述的读书。我们小说家知道如何从商业角度去施展手段来迎合这样的读者。可悲的是，只为迎合这样的读者而写作的小说家，也并非没有。

但是，我并不是说这样的读书全都是负面的。在为了充实青春的所谓倦怠，为了自我辩护而读书的过程中，宛如沙里淘金留下砂金一样，最后总是会有一点好东西留在自己身上的，这种情况也是为数不少的。这就像读书，最后意想不到地触碰到核心的东西。这个核心的东西，最后会向读书人说声"不"。在最后的瞬间说声"不"，这是违背读书人为自我辩护而读书的初衷的。在真正一流的读物中，洋溢着这种"不"的力量。而且这种力量威胁着他们，把他们从先前心安理得的状态中驱逐出去，并促使他们腾飞起来。那里就有读书的不可思议的效果。没有遇上这样一流读物的人，只能说是他的真正的不幸。

我已举出一个读书的例子，不过，青春是那么难以捉摸，为了抚慰不知如何消遣才好的心情，人们或许会去看电影。电影会把人生截断达一个半小时之久，让你沉湎在各式各样的梦中，沉浸在多姿多彩的幻想里。结果，电影有时会使人产生一种错觉，以为电影仿佛就是一种现实。当然，电影将会利用这种错觉。它帮助人们消磨时光，使人们最轻松地自动地消遣。我认识的一个年轻人，一周之内竟到处看了十部电影。他们只是像躺在床上张口等人来喂药的病人那样，简直是主动接受别人酌量发给的某样东西。然后，这样做即使能够消磨时光，却丝毫也不能排遣他们原本所说的倦怠或孤独。他们越发感到孤独，最后，剩下的就是一些无法清理的陈腐的渣滓。

前面我说过，人生的真挚生活方式，立志诚实，在这种感情中潜伏着青春的某种狡诈。但是，我认为人这种动物，从孩提起直至老迈，在各个年龄层里都顽固地具有各自层面的狡猾。孩子有孩子的可怕的狡猾劲，就连疯子也有疯子的狡黠。还有老人也有老人的圆滑，中年男子更有他们出了名的奸诈。四十八岁人有四十八岁人的狡猾。这又怎能唯独要求青春不能拥有自己的狡猾呢？如此看来，所谓狡猾，也可以说是人类为了求生存而不得不采取的一种自我保护的方法。

但我想说的是，至少那些诚实的青年男女在青春时代的狡猾，实际是以一种逆反的形式表现出来的。就是说，他们出于自我保护，必须戴上面具，以显示自己着实是个诚实的人，绝对诚实。于是，就要让那些不过是来自对人生的恐惧的东西，拥有恰似真挚地探索人生似的影子。然后真正的诚实并不是这种东西。真正的诚实，是不宽容自己的狡猾的。并且不断怀疑自己究竟是不是诚实。可是，青春时代并不怀疑自己的狡猾，并希望自己始终都是纯洁而诚实的。因此毋宁说，那不是青春的诚实。也可以说，那是对青春的诚实的憧憬吧。

那么，它同先前所说的倦怠有什么关系呢？我想说的，是要用探索人生的做法，指明在他们毫无道理的议论、随便胡乱的读书、被疯狂般的行动所驱使的种种行为中，潜藏着试图摆脱孤独而手足无措的盲目行动。

## 四、怎样克服倦怠

昔日尼采曾就希腊古代的厌世主义作过论述，它是就有关阿提卡地方的抒情诗中屡屡出现的所谓阿提卡的忧愁所作的说明。尼采将阿提卡的忧愁阐释为：这是由至今依然处在朝气蓬勃的青春年代的希腊民族的丰盈本身所产生的一种苦恼。尼采说明它虽然是一种厌世主义、悲观主义，但却是强有力的悲观主义。尼采是在说：丰盈和丰饶本身会产生一种苦恼、悲观主义和厌世主义的。总之，可以认为我们所说的青春的倦怠、忧愁和厌世主义，就是由这种强有力的悲观主义、丰饶本身产生的一种苦恼。这就是同我们前面所说的拥有一切者那种可怕的倦怠有所区别的缘故。

在这里，实际上就成立了一个简单的计算公式。就是说，这里的不平衡是由肉体能量的过剩所产生的不平衡，是精神的未完成与肉体的已完成之间的不平衡。缘此，只须稍许扣除多余的一方，以补足增加少的一方，就可以取得平衡。体育运动与精神行动是青春的同义语，其道理就在于此。总之，要消耗过剩的东西，把过剩的东西消耗尽，才是最符合青春的生理要求。如果让某些过剩的东西原封不动不加处理的话，那么过剩的能量就会反过来压倒精神，促使精神发达不起来。就像梅树开花必须剪枝一样，青春为了自我调节，为了使自己的精神能够得到充分的发挥，就有必要通过体育运动或其他活动来消耗尽自己的能量。当人的肉体受到残酷使用时，人就会有一种不可思议的感觉，即这种残酷实际上会给人带来某种爽朗的喜悦，同时也会使人精神焕发。总之，喜欢深入思考问题的人需要到户外去四处走走。但是，只顾四处走走，进行体育运动，全然不运用精神，也是一种畸形。通过体育运动消耗过剩的能量，随后在愉快的疲劳中思考问题，这才能取得平衡。于是，思考才变得正常，精神本身也就不为过剩的东西所烦恼，而能清澈地发挥作用。另外，如果肉体获胜而变得过剩，那就有必要尽量运动以消耗体力，使它转换到精神上来。

归根结蒂，我认为青春的种种问题，都是出自精神与肉体的不平衡。人们将逐渐察觉到乍看知性离奇地发达的人，绝不是使精神本身发达的。为什么呢？因为精神这种东西，在受到肉体压迫期间，是不可能充分发挥作用的。即使人们试图单凭精神的力量去解释、压迫或完美地分析肉体，这在青春时代是不可能办到的。这样说，绝不言过其实。到了完全能够做到这一点的人，就可以称为成人了。

1957 年 6 月

# 四、拓展延伸

同样的青春，不同的人生，如果让孙光林和霍尔顿来一场跨时空的"相聚"，你觉得他们会为彼此送上怎样的寄语呢？请你揣摩他们彼此的心声，以"×××，我想对你说"为开头，为对方写一段不少于 100 字的话。

**同伴分享**

下面两位同学以主人公的身份，进行换位思考，能够准确把握人物的心理特征，感情真挚地表达了对彼此的祝愿。其中既有对过去的慨叹与无奈，也有对未来的展望与期盼，无论哪种，都是最美丽而真实的心声。

孙光林说：有时候，我真的很羡慕你。你有自己向往的人生，你能勇敢地去追逐自己的守望，命运的绳索总是牢牢握在自己手中，那么真实可感。而我，却像是个被命运戏弄的玩偶，抛过来、甩过去，在一片大海上流浪，永远不知道目的地在哪里。你比我幸运，你有亲情，你有身份，你有这个年纪该有的肆无忌惮的"叛逆"，当你厌弃这个商业化、剥削人的世界时，你可以义无反顾地奔向西部，远离喧嚣，而我的那片麦田又在哪里？

霍尔顿说：嘿！兄弟，何必这么伤感。你才是我学习的榜样啊。你比我成熟，也比我稳重。你的沉默、你的冷静，深深地震撼了大洋彼岸的另一个少年的心，忽然发现，我的任性是多么可笑！虽然你很不幸，但我相信，你无声地守望，最终会找到属于你的那片麦田。

（孙尧）

孙光林说：我想你与我一样都是孤独的，我与你一样经历过青春的迷茫与痛苦，所以我理解你。但请你千万不要放弃自己，再黑暗的生活也会有阳光渗入，生命中的友情、爱情弥足珍贵，我相信你可以凭借自己的心渐渐发现这些美好。我能从那些极小的事物中感受到这些温暖，愿你也能如此，发现那些温暖，在守望中找到心灵的寄托。

霍尔顿说：是你让我看到了生活的希望，那些迷茫与痛苦都会过去，不是吗？我祝愿你能够在实践中感受到更为真切而永恒的温暖，但又不会因为走进荒诞的外界而丧失了本真。我愿你能够永远守住自己精神的麦田，而我也会与你一起守望自己。让我们共同做伴，在这个世界中成长，渐渐成熟。

（许清霞）

# 五、自我反思与小结

1. 为《麦田里的守望者》续写结尾，不少于 1000 字。提示：可以从霍尔顿去了西部和没有去西部两方面，来推测他的人生命运。

2. 若干年后，孙光林作为杰出校友应邀参加"××高中"的校庆，回顾自己的成长历程，他百感交集。请你以孙光林的身份为他撰写一份发言稿，以此寄语在场的所有高中生。不少于 1000 字。

3. 上面两个问题，任选其一。

## 第五课段　写作:说尽青春与孤独

在前面四个课段中,我们走进原作及评论文章,探讨了文学主人公的心理特征、主人公性格形成的原因、成长小说的主旨以及成长文学的特点;我们又走出原作和相关评论文章,在更广阔的思维空间里,展开与青春、与人生的对话。我们既感受着青春的孤独,又体验着青春的明快。我们也许还会忽然发现:原来不仅仅是我自己那么烦恼,也不仅仅是我自己有着无以言表的恐惧与忧伤……在这个课段,我们要用自己的文字写出我们对青春与孤独的思考。

首先,根据表格提示,梳理前面的学习内容,完成有关表格的填写,整理专题学习成果,比较不同文体的特点;其次,完成写作提纲;再次,经过交流讨论确定写作方向和中心;又次,经过反复修改完成文章;最后,汇编班级成果集,阅读成果集并和同学进行交流,分享阅读体会。

建议使用 8 课时。

# 一、回顾梳理

**学习任务**

1. 通过表 3 梳理成长小说专题学习成果,提炼自己的疑问点或兴趣点,确立写作方向。

2. 通过表 4 梳理感悟思维与思辨思维的区别,为写作做好准备。

## (一)梳理内容

下面这张表格是你写作之前要做的基础工作。请根据下表的提示,回顾梳理,并简要评析出本专题中对你影响深刻的内容,以此来思考自己的兴趣点。尽量填写完整，可以边填写边翻阅笔记和学过的阅读资料。

### 表3　梳理专题内容

| 内容＼类别 | 名称 | 主要内容 | 简要评析<br>（从内容和结构两方面来进行） |
|---|---|---|---|
| 你最喜欢的文章 | | | |
| | | | |
| | | | |
| 你最喜欢的电影 | | | |
| | | | |
| | | | |
| 获得的新观点 | | | |
| | | | |
| 最感兴趣的问题 | | | |
| 最想探究的问题 | | | |

## (二)辨明文体

重新浏览前面四个课段所选的评论文章，以两篇文章为例，按表格提示，归纳感悟性文章和思辨性文章的异同。

### 表4　感悟和思辨两种类型文章的异同

| 内容＼方向 | 异 | 同 |
|---|---|---|
| 文章标题 | | |
| 思维方式 | | |
| 表达方式 | | |
| 语言特点 | | |

# 二、选题与定向

1. 依据下文的指导，完成写作提纲。

2. 与同学交流讨论提纲的内容。

3. 依据讨论过程与结果，修改写作提纲，确定写作方向和中心。

## （一）列写作提纲

根据上一节的梳理回顾，以及学习过程中的思考，确定写作方向，列出写作提纲。

写作要求如下：

围绕在成长小说专题学习中的兴趣点（疑问点），以"青春与孤独"为话题，撰写一篇论文，可以侧重于表达自己的思想感悟，也可以就某一问题展开探究。字数要求 2000 左右。

表 5　专题写作提纲

班级＿＿＿＿＿＿　姓名＿＿＿＿＿＿

| | |
|---|---|
| 论题<br>（即文章讨论的话题） | |
| 标题<br>（准确、简练、体现文体特点） | |
| 关键词<br>（最能体现主题和内容的词汇短语 3—8 个） | |
| 开头<br>（点名论题或者中心论点，入题要快） | |
| 主体结构<br>（写清观点、分论点、论据、结论及过渡句） | |
| 结尾<br>（点题，能对观点进行升华或深化） | |

## (二)讨论与定向

讨论由个人汇报和听众点评两部分组成。

### 1. 个人汇报

(1)因为时间有限,本专题由学号1—20的同学进行汇报(也可以抽签决定,争取用两个专题完成全员参与汇报)。

(2)每人汇报不超过15分钟。

(3)汇报时要明确指出论文的论题、标题、观点、结论、结构特点。

(4)尽量使用之前阅读过的材料。可以从阅读材料中提炼出观点,也可以将它作为观点的佐证材料。

(5)对于听众的点评一定要真诚感谢,并认真思考其合理性。

(6)根据听众给出的建议,修改提纲,确定好写作方向和思路。

### 2. 他人点评

(1)语文老师和所有同学参与点评,也可以在条件允许的情况下邀请相关教师或者家长参与。

(2)无论是否参与汇报,都要认真倾听,积极点评,努力与汇报人产生思想交锋,以此来完善自己的定向与选题。

(3)点评者要真诚,重点关注三个问题:观点是否准确;结构是否有逻辑;你的理据能否说服他人。

## (三)修改提纲

教师整理同学们提纲中的典型问题,主要有:

### 1. 标题问题

(1)标题太大。例如"谈青春","青春"实在是个太大的概念了,你能谈得完吗?标题要直接呈现出一定范围的论述对象,要突破一点,口子要小,这样才能挖掘深。

(2)标题与文章风格不一致。例如"那片美丽而负伤的麦田",浓烈的抒情色彩,不适合做论述类文章的标题,如果一定要用,建议用副标题界定,例如"——浅议××××"。

### 2. 观点问题

(1)价值观错误。例如"勇敢地做自己——《在细雨中呼喊》中的孙广才不畏世俗的眼光，勇敢地做自己"。想一想：什么是勇敢？孙广才的所作所为能是一种优秀的品质吗？我们写文章一定不能违背主流价值观。

(2)认识肤浅。例如"霍尔顿是一个善良的'坏学生'"，不能仅仅列举霍尔顿的"坏与好"，应揭示出"好与坏"的深刻内涵，以及这一矛盾性格的意义。

### 3. 结构问题

(1)重点不突出。例如"小议艾里不存在的可能性"一文，探究的重点应放在"艾里不存在的原因"上，而不是"艾里不存在的意义"。

(2)思路混乱。例如"分析霍尔顿和孙光林的孤独"一文，作者拟定了这样的结构思路：

一、霍尔顿的孤独是自己选择的。

二、孙光林的青春同样也充满了孤独。

三、他们的孤独是相似的。

四、他们的孤独又是不同的。

显而易见，这样的思路在逻辑关系上是混乱不清的，我们架构文章，整体上应遵循"是什么、为什么和怎么办"的论证思路；要用能够揭示本质特点的语句作为观点句。例如，他们的孤独都源自内心的恐惧；还要善于使用承上启下的过渡句，以及有明显的显示结构的标志性词语，如"总之、由此可见"等。

学生在认真阅读典型问题后，比对自己的写作提纲，自行修改或完善。

# 三、写作与修改

**学习任务**

1. 根据修改后的写作提纲，完成习作，习作字数不少于2000。

2. 依据教师、同伴或家长指出的写作问题，以及给出的写作建议，修改习作。

**师生共学**

"文章不厌千回改"，好文章是改出来的。文章若要"升级"，每一步都离不开修改。从本质上来说，修改也是一种写作，而且是一种高级写作，它"力求用尽可能完美的形式去表现构思的成果"，从而写出优秀的作品。只有懂得修改文章的人，才算是会写文章的人。请你仔细阅读下面这篇文章，重点关注【】内老师对其进行的修改，思考该如何去修改习作呢？

原稿：

## 《细雨》中的他

【加一个副标题限定一下，"他"是谁？你想分析什么呢？这样指向性就明确了。】

黄尹麒

读完余华的《在细雨中呼喊》，突然感觉被人抛弃真可怕，特别是被自己的亲人抛弃。【开篇不仅要写阅读感受，更应该围绕标题将这种感受提炼出来。】

孙光林作为故事的叙述者和最终的回归者，【"回归者"是什么意思？】他饱尝了那个特殊年月带给他的所有辛酸。【他的辛酸究竟是谁带给他的？究竟是"特殊年月"还是"特殊家庭"，抑或两者都有。想想该如何精准地表达出来。】

那个年代，人与人之间的真情似乎都被无形的枷锁禁锢着。【真情被禁锢着，还是本来就没有真情？】无人敢多说一句，也无人敢替别人操心，只要一不留神也许就被戴上了一顶莫名其妙的帽子。因此，全村人特别是无事可做的妇女们，无聊至极地搜索着村里的新闻，然后以最快速度传遍大街小巷。【很明显，这一段不是对上文"真情被禁锢"的阐释。】悲哉！可怜的妇女们！【为什么要感叹妇女们的悲哀？】孙光林就在这样的环境中出生，出生在一个爱被禁锢的时代，一个一穷二白的家庭。这些征兆就注定他将接受命运不平等的待遇——难以揭锅的日子。他的父母再难负担这三个孩子，于是他被送出去了，离开了他也许挚爱的父母和依然眷恋的故乡。他第一次被抛弃！在他的心中是一种无形的伤疤，时时隐隐作痛，让他追忆起那过往的日子。【不难看出，这个自然段你想分析孙光林的第一次被"抛弃"——被送人的原因，想一想主要原因是在社会还是在家庭？】

新环境让他有了暂时的归宿，就在他心中刚要滋生家的温暖时，一个晴天霹雳对准了他的后爸——王立强因犯错被别人揪住小辫，再难做人自杀而死。【"再难做人自杀而死"，语义不通。】随后他多病的后妈，也是最信任、理解【改为："最信任、最理解"】他的人也离他而去。他陪妈妈带好物品来到码头，本以为妈妈会带他一起走，可妈妈却独自一人上船，让他留在岸边。等着船慢慢开动，妈妈已消失在茫茫迷雾中时，他才恍悟到自己被妈妈抛弃了。爸爸走了，妈妈也走了，自己还是个孩子，他无法想象今后的生活，诺大【错别字："诺大"改为"偌大"】的地方却无法被容纳。昔日美景越发显得惨淡，海上依旧托起的红日，此刻焦灼着他稚嫩而脆弱的心。【语病："……红日，此刻焦灼着……的心"，表达混乱。】在迷茫和惊恐中，他哭了，没有底气也没了勇气。他知道，心中勾勒的美景图宣告破灭，他又一次被抛弃。【这是孙光林的第二次被抛弃，表面上看和第一次一样，都是被家庭抛弃的，但能否再深入思考一下他两次被抛弃的原因是否有所不同呢？】

他想到了南门，那个离开已久的家乡。不知故乡是否风貌依旧？他是否还能找寻旧日住所？阔别多年的父母还能否接受他？【"还能否"改为"是否还能"，这样在语气上与上句一脉相承。】但无论如何，他心中还燃着一丝希望的火光。于是背起重重疑问和沉甸甸的希望，在朋友的帮助下，他踏上了返乡寻亲的路。一路群山逶迤，静水流深，他已顾不得欣赏，心中寻亲的信念取代了一切。细雨中，追寻儿时记忆，一路演绎着儿时嬉戏欢快的场面，【语病：谁"演绎着……场面"，难道是"他"吗？明显不合逻辑。】因为只有想着这些，才能销蚀他心头的恐惧。突然，他看到远处有一处火，这更燃起他心头的希望，心中对家的呼喊越发强烈。走近一看，他的哥哥和弟弟正披着床单跪在地上，周围摆着的物品像是刚从大火中救出来的，一个女人和一个瘦骨嶙峋的男人也跪在那里，男人的嘴里不断地说着："这火真壮观啊，真壮观！只不过这代价太大了"！他于是走上去说："我要找孙广元"！【继续打磨语言！】

亲人相见已不相认，"物是人非事事休"！故事就在这似完非完中结束了，留给人无尽的思考。最终他依旧面对被亲人抛弃的惨局，故事虽没直接写出，但从整个家庭的遭遇中我们可以推断，尽管他历尽艰辛，满怀希望地找到了亲人，但亲人依然无法承担养育他的责任，他又一次被抛弃，被命运抛弃！【不是回到家了吗？怎么又说"被命运抛弃呢"？这里开始要认真思考：他这次的被抛弃和第一次有何不同？】

起初的我无法理解这种命运的捉弄，孙光林似乎是那个时代一切不幸的化身。他的遭遇让我心痛、怜惜。是时代将这个孩子折腾得残破不堪，【为什么是"时代"?】命运像恶魔一样侵蚀着他身上的营养,使他心力交瘁,一个特定时代的产物,就这样自我消逝在一个特定环境中,【缘何而说"自我消逝"?】或许多年后他会走出这段阴影,但他走不出那个时代!一个将真情禁锢、人性伪装的时代!【为什么走不出"这个时代"呢?】

悲剧的结局,往往给人最深沉的感动。被别人抛弃固然可怕,但只要不自我抛弃,你就会永远地被接纳。不要太过于顺从欲望的要求,因为人总是难以满足。知足常乐!【"知足常乐"与"不自弃"的观点矛盾。】当岁月的痕迹已悄无声息地在你脸上雕琢,当你的内心已拥有足够的豁达和智慧,你会发现,早有一朵圣洁之花你心头静静绽放,发出圣洁的光芒。【这"圣洁之花"是什么呢?】

【修改建议:这篇文章的写作方向和整体思路都是可行的,但文章缺少深度,仅从文本表面概述了"孙光林被抛弃的过程",应该提炼出"孙光林"被抛弃的原因,以及"孙光林"虽被"抛弃"但并没有"自弃"这一观点。文章偏感性,要加强理性思维,让文章说服力更强。】

改稿:

## 《细雨》中的他
### ——被抛弃的孙光林
#### 黄尹麒

读完余华的《在细雨中呼喊》,油然而生的是一种被人抛弃的疼痛,特别是被自己的亲人一次次的抛弃,年少的孙光林,他该经历着怎样的恐惧与绝望啊!

孙光林作为故事的叙述者,也是故事的成长者,他饱尝了命运带给他的所有辛酸。

他出生在一个不堪的家庭:父亲孙广才是个贪婪好色、自私自利、残暴嚣张的无赖;兄弟孙光平和孙光明对他也非常冷漠,他们串通一气,让孙光林遭受屈辱,蒙受不白之冤;纵使母亲善良隐忍,但同样也不把他放在心上。于是,在家里经济拮据时,父亲将他卖给别人,母亲并没有苦苦哀求、百般阻挠……这是他第一次被抛弃!

新环境让他有了暂时的归宿,他也在新环境里暂且"幸福"了五年。就在他心中渐渐滋生家庭的温暖时，一个晴天霹雳对准了他的后爸——王立强因作风问题被别人揪住"小辫"，感觉再难做人，自杀而死。随后他多病的后妈，也是最信任、最理解他的人也弃他而去。他陪妈妈带好衣物来到码头，本以为李秀英会带他一起走，可她却独自一人上船，把他永远地留在了岸边。等着船慢慢开动，妈妈已消失在茫茫迷雾中时，他才恍悟到自己被妈妈抛弃了。爸爸走了，妈妈也走了，他无法想象今后的生活，偌大的世界却找不到他的容身之地。昔日美景越发显得惨淡，海上托起的红日焦灼着他稚嫩而脆弱的心。在迷茫和惊恐中，他哭了，没有底气也没了勇气。他知道，他又一次被抛弃。如果说第一次是被冷漠的父亲抛弃的，那么这一次却是被"妈妈"抛弃的，难道他的人生注定是一场没有温情的苦旅？

他想到了南门，那个离开已久的家乡。不知故乡是否风貌依旧？他是否还能找寻旧日住所？阔别多年的父母是否还能接受他？但无论如何，他心中还燃着一丝希望的火光。于是他背起重重疑问和沉甸甸的希望，在朋友的帮助下，踏上了返乡寻亲的路。一路群山逶迤，静水流深，他已顾不得欣赏，心中回家的信念取代了一切。细雨中，他追寻儿时记忆，一路上头脑里回放着童年时少有的欢快场景。因为只有想着这些，才能销蚀他心头的不安与恐惧。突然，他看到远处有一处火，这火更燃起了他心头的希望，心中对家的呼喊越发强烈。走进一看，他的哥哥和弟弟正披着床单跪在地上，周围摆着的物品像是刚从大火中救出来的，一个女人和一个瘦骨嶙峋的男人也跪在那里，男人的嘴里不断地说着："你们都看到大火了吧。壮观是真壮观，只是代价太大了。"他于是走上去说："我要找孙广才。"

亲人相见已不相认，"物是人非事事休"！他回到了家，可是悲剧依然在上演。他和祖父一起回到南门，父亲就认为家里的大火是他们带来的，所以在之后的生活中父亲对他依然心存疑虑，而他也无法适应南门的生活，游离在一切人事纷争之外，成为一个多余人。后来，他遇到了一些真正的朋友，比如说苏宇，他们互诉衷肠，一起行走，一起奔跑，一起做彼此喜欢做的事情。他本以为从此都会有这份友情来温暖冰冷的心，但是命运弄人，苏宇因为脑出血从此离开了人世，孙光林又成了一个人！

命运像恶魔一样侵蚀着他身上的营养，将这个孩子折腾得残破不堪，使他心力交瘁，然而他并没有自我消逝在命运的泥潭。相反，他就像一朵顽强的"向生花"。正是他的冷静，让许多激烈趋于温和；他懵懂地感知与己相关的外部世界，思考中排除了嘲讽和怨恨。故事即将结束之时，他完成了对成长苦难的疗伤，于苦难之后的温情普照才标志着成长主体真正走向了心理成熟。

被别人抛弃固然可怕，但只要不自我抛弃，你就会永远地被接纳。不要过多纠结于环境的赐予，其实强大的内心才是不被打败的动力。

**教师点评**

经过修改，文章的语言明显优化了，内容也厚实了许多。通过剖析"孙光林被抛弃的过程"，比较鲜明地表达了"于苦难之后的温情普照才标志着成长主体真正走向了心理成熟""只要不自我抛弃，你就会永远的被接纳"的观点。当然，文章仍然显得单薄，对问题的分析还停留在表面，思考还不够深刻。

# 四、汇编与分享

**学习任务**

1. 小组合作，将班级专题学习成果汇集成册。

2. 阅读成果集，班级交流、分享阅读体会。

## （一）汇编成果集

**好的作品集需具备哪些特点**

1. 要有独立的书名、序言、目录、后记。

2. 稿件按一定的内容分类，有一定的编排顺序。

3. 字体、字号要适合，并且统一，无错别字。

4. 封面设计简洁又凸显个性，插图恰到好处。

小贴士

任务及完成步骤建议如下：

一是成立编委会，由班长（语文课代表）担任主编，与语文教师一起统筹安排编辑任务，协调各组长处理编辑过程中出现的各种问题。

二是主编按任务类别设置校对组、编辑组、美编组等，每组人数控制在

6 人左右，选好组长，负责组内事物的决策、安排与协调。

三是校对组分一校、二校，文字有问题的可与作者或老师联系，保证消灭稿件中的语病和错别字现象。

四是编辑组负责编排顺序的确定（可以按板块，可以按稿件上交的时间），设计出目录，负责安排序言和后记的撰写，负责文字的排版。

五是美编组负责作品集名称的确定、封面的设计、插图的选择。本组事务可以和小队组事务同时进行。

## (二) 阅读与分享

成果集汇编完成后，可以统一印刷，也可以将成果集发至"专题学习博客"，同学可下载在家阅读或在学校机房统一阅读。

建议用课上两节课时间进行阅读，两节课的时间进行分享交流。因课上时间较短，无法全部看完，可先阅读《序言》《目录》和《后记》，了解作品集的主要内容、核心思想及编写意图；然后阅读自己的文章；最后将全班同学分成 4—5 个小组，分组阅读，每组阅读篇目 10 篇左右，阅读后组内讨论，推选出最好的两篇向全班同学推荐。

阅读时思考以下几个问题，然后和同学进行分享交流。

1. 你最喜欢哪两篇文章？请分别为这两篇文章写不少于 200 字的点评。

2. 其他同学的作品对你的作品有什么启发或者触动吗？你又有新的体会和思考吗？

3. 你认为成果集最大的亮点是什么？还存在哪些问题吗？你有何建议呢？

**同伴分享**

下文点评者由文章结构切入，点评了文章的写作思路及主要内容，肯定了文章作者对"琴"这一人物的成功分析。值得一提的是，点评者没有单纯地肯定习作，而是发现了作者在分析上的不足，更是联系原作，理由充分而又态度真诚地阐述了自己对"琴"这一角色的理解，竟然写出了 600 多字的短文，令人赞叹。

# 《琴——一通未完成的电》点评①

## 李墨扬

正如标题，文中所分析的正是琴这一人物。开头以排比、疑问提出问题——琴是一位怎样的女孩，又为什么让霍尔顿迷恋？

第二段先写了霍尔顿对琴的赞扬和喜爱以及原因，并与霍尔顿另一个女友萨丽对比，写出琴对霍尔顿的意义——一处港湾，一个摇篮。

第三段再次写琴带给霍尔顿的美好。

第四段先提问：为什么霍尔顿多次想给琴打电话又没有打？然后作答：打算给琴打电话代表霍尔顿所经受的虚伪达到一个高潮，霍尔顿想"拨通琴的电话去追寻从前的幸福与真实"。然后回答霍尔顿为什么没有打出电话：因为霍尔顿"一次次地选择了一贯使用的方法——逃避"，"一次又一次的躲避，让他陷入虚伪的深渊"，最终"逃不出虚伪的深渊"。作者写道"在霍尔顿真实之前，必须承受自己不知不觉被虚伪世界同化的那份痛苦"，因此他选择逃避。我的理解是，对代表着真实的琴，霍尔顿会产生类似羞耻心的痛苦，这使他选择逃避，没有勇气走出虚伪，并最终走向深渊。下文又写"霍尔顿一次次想要给琴打电话的过程，就是他一次次接近真实的过程；霍尔顿一次次放弃打电话的瞬间，就代表着他一次次地推开真实，走向虚伪与矛盾。"霍尔顿最终打出电话，却没人接，这"残忍地喻示着，霍尔顿终究还是躲不过被这个世界的虚伪所折磨……"我认为，霍尔顿的逃避和他经历的虚伪是互为因果的，这一恶性循环导致他走向深渊。

本文就琴这一人物的意义分析得很成功，但第四段开始讨论霍尔顿如何走向虚伪，而此处的逻辑至少是不太清晰的。假如本文想同时分析怎样通过琴来揭示霍尔顿如何走向深渊的，那么还需完善。

---

① 文章《琴——一通未完成的电》见"学生成果"部分，作者为廖静云，针对该文的点评者为李墨扬，实施本专题时，二人均为北师大嘉兴附中高一学生。

第六课段　　体验：共赴青春的盛宴

成长小说专题学习已经进入尾声了：一路走来，我们阅读青春，感受青春的明媚与忧伤；我们思考青春，审视青春的真谛、人生的意义。在这里，我们还会用更多的方式——在各种综合活动中对话青春，交流、碰撞、争鸣、体验青春的美好与深刻。

首先，师生共同商量，确定活动形式与主题。

1. 建议活动方式：辩论赛、主题班会、演讲赛、青春小讲堂、情景剧等。

2. 建议主题：与青春文学和青春人生有关的话题。

其次，学生自行组织。

1. 将班级学生分成4—5组，每组自行选择活动方式及主题，小组之间要避免形式和主题的重复。

2. 撰写活动策划书，展示活动的可行性。

3. 做好组织工作。例如人员调配（接待、指引等）、关系协调（指与学校、班级关系等）、活动规则和程序的文案出台、邀请函的撰写、场地的布置、时间的安排等。

4. 活动展示。

# 一、撰写活动策划书

学习任务

请你阅读《如何撰写活动策划书》，了解策划书的组成，并为要组织的主题活动撰写一份策划书。

# 如何撰写活动策划书<sup>①</sup>

一份好的活动策划书能让读者在最短的时间内，了解活动的内容与意义，以及活动的可行性，也是活动顺利开展的一个依托，那么，一份完整的活动策划书应具备哪些要素呢？

一、策划书名称

尽可能具体地写出策划名称，如"××年××月××学校（班级）××活动策划书"，置于页面中央，当然可以写出正标题后将此作为副标题写在下面。

二、活动背景

包括基本情况简介、活动开展原因，以及相关目的动机等。

三、活动目的、意义和目标

活动的目的、意义应用简洁明了的语言将要点表述清楚。在陈述目的要点时，该活动的核心构成或策划的独到之处及由此产生的意义都应该明确写出。活动目标要具体化，并需要满足重要性、可行性、时效性。

四、资源需要

列出所需人力资源、物力资源，包括使用的地方，如教室或使用活动中心等，都详细列出。可以包括已有资源和需要资源两部分。

五、活动开展

作为策划的正文部分，表现方式要简洁明了，使人容易理解，但表达要力求详尽，写出每一点能设想到的东西，没有遗漏。此部分，不仅仅局限于用文字表述，也可适当加入统计图表等；对策划的各工作项目，应按照时间的先后顺序排列，绘制实施时间表有助于方案核查。人员的组织配置、活动对象、相应权责及时间地点也应在这部分加以说明，执行的应变程序也应该在这部分加以考虑。例如，会场布置、嘉宾座次、媒体支持、校园宣传、主持、领导讲话、会场服务、电子背景、衣着、现场气氛调节等。请根据实际情况自行调节。

六、经费预算

活动的各项费用在根据实际情况进行具体、周密的计算后，用清晰明了

---

① 本部分内容根据百度文库整理而成。

的形式列出。

七、活动中应注意的问题及细节

内外环境的变化，不可避免地会给方案的执行带来一些不确定性因素，因此，当环境变化时是否有应变措施。

八、活动负责人及主要参与者

注明组织者、参与者姓名、嘉宾、单位（如果是小组策划应注明小组名称、负责人）。

**同伴分享**

下面是你的同龄人为辩论赛撰写的活动策划书，从更好地指导活动开展的角度看，你认为有哪些地方可以完善或补充呢？请完成。

### 表 6　共赴青春的盛宴之"辩论赛"策划书

| 活动主题 | "孤独是痛苦的/幸福的"辩论 | |
|---|---|---|
| 活动背景 | 霍尔顿在孤独中沉沦，却不曾丢失纯真的心；孙光林在孤独中成长，却也伤痕累累。孤独是痛苦的还是幸福的？如何深化成长小说专题学习中的感受与认识，正确地对待青春与孤独？特举办"孤独是痛苦的/幸福的"辩论赛。 | |
| 活动目的及意义 | 通过辩论赛，同学们能从多个角度深刻地认识孤独，以及孤独的意义，结合自己的成长历程，能在迷惘中做出更为理智的判断与选择。 | |
| 活动过程 | 1. 开场白，宣布辩题、辩手、辩论规则。<br>2. 辩论过程。<br>3. 总结。 | |
| 活动具体安排 | 活动时间<br>活动地点<br>参加人员 | 2016 年 5 月 18 日<br>高一(1)班教室<br>全班同学 |
| | 活动分工 | 1. 主持：孙尧<br>2. 活动流程设计：李劼<br>3. 主持稿撰写：孙尧<br>4. 领队：正方——金忆雯<br>　　　　　反方——李健麒<br>5. 其他：许清霞<br>6. PPT 制作：项涛<br>7. 安排诗朗诵：陈旖雯 |

# 二、活动展示

在本课段，班级同学以小组为单位组织了丰富多彩的实践活动，如辩论赛、演讲比赛、青春小讲堂、微电影比赛等。

# 三、活动反思展示

同伴分享

下面的活动反思，既有出于活动的组织者，也有出于活动的参与者，但无论是谁都乐享这份难得的人生经历。如果说人生就是去赴一个约定，那么，这样的一次体验不就是去赴一场青春的盛宴吗？

## 我们的青春，我们的 VCR[①]

### 胡任炜

VCR 的拍摄，对于我们这种没有基础的学生来说是一件新鲜而又有挑战的事情。起初我们并没有达到很好的合作状态，每个同学都有自己独特的思维路线和审美观念，执行效率也比较低下。有时候想得好，做的时候却是那么的困难，才发现想做到面面俱全显然是不可能的，而如何找到统一的平衡点便是我们工作的重中之重。经过不断的磨合与实践，我们逐渐地开始走上正轨，小组成员各司其职，通力合作，我们的分歧在商议中越来越默契。一遍又一遍地拍摄，剪辑，审阅，删改，虽然依旧是漏洞百出，虽然每天都得熬夜赶制，但在争论、灰心、坚持、欢笑中，我们感受到的是同学和老师之间的情逾骨肉，是同学之间的情同手足，是高中生应有的活力，是高中生活的多彩纷呈。这也为我们的高中生活画上了浓墨重彩的一笔，这将是我们

---

① VCR 是 Video Cassette Recorder（录像机）的缩写，现多指拍摄的视频片段。

高中生活永恒而美好的记忆。

## 我的大学，我的青春

孙 尧

在"体验青春"这一课段，我参加了由我们同学自己组织的全校范围内的"我的大学梦"演讲比赛。这是一次有趣的尝试，与以往不同的是，这次我敢于直言自己的梦，勇于在众人面前分享我的青春，这是我的一次成长。我在自己的青春面前，褪去了幼稚任性的面具。以一种理性的思维来辩证地思索青春，我愿意相信是成长小说专题学习所承载的青春的力量唤醒了我沉睡的心灵，一种痛彻心扉的声音告诉我：这是你的青春，请认真对待她。对于青春，这是一份应有的担当与承诺。这次的比赛，于我而言，更像是一段感动，感动于物，感动于事，感动于人，感动于己。

# 4 专题评价

一、专题回顾
二、师生反思
三、学生成果

# 一、专题回顾

回顾成长小说专题中，你阅读了哪些作品（观看了哪些电影）？参加了哪些讨论？参与了哪些活动？你撰写了哪些成果？得到了哪些收获？你还有什么未解决的（感兴趣）问题？甚至，你还有哪些建议？可用表格呈现整个专题学习过程中你的进步与成长，也可以撰写文章进行回顾。

同伴分享

下面的表格及两篇文章的作者回首真实的学习情境，陈述了自己在学习过程的感受与思考，我们能看得出来，他们徜徉在书的世界中甘之如饴，独享着阅读和思考带给自己的快乐与成长，虽有逐渐蜕变的阵痛，但更多的是收获的满足与收获的喜悦。

## 成长小说专题学习回顾

### 陈蒙悦

| 类别内容 | 我的经历（读了什么，写了什么，参加了哪些活动） | 我的收获（侧重于写自己在不同方面的学习中的感受和思考） | 我的建议（专题学习的内容和形式方面有哪些需要改进或者需要完善的） |
|---|---|---|---|
| 阅读方面 | 《麦田里的守望者》<br><br>《在细雨中呼喊》<br><br>老师提供的各类相关资料 | 专题阅读，增长的不只是学识，更是对生命质感的触摸。《麦田》《细雨》……它们就好像一把锤子，打破了我们与这个世界的阻隔，让我们完全暴露于这个世界，而这个世界也全然向我们敞开，完全地展现它自己。让我们尽情去感受青春的疼痛，真实地改变！ | ① 如此大的阅读量，一时还消化不了。毕竟是第一次接触，信息选择能力还有些跟不上，但到后期也就慢慢习惯了。所以建议老师在开始时给一些阅读方面的指导和一些少量的练习，这样的话，应该会有更好的效果。 |

续表

| 类别内容 | 我的经历（读了什么，写了什么，参加了哪些活动） | 我的收获（侧重于写自己在不同方面的学习中的感受和思考） | 我的建议（专题学习的内容和形式方面有哪些需要改进或者需要完善的） |
|---|---|---|---|
| 写作方面 | 《阳光灿烂的日子》及《死亡诗社》观后感<br>《麦田里的守望者》《在细雨中呼喊》的读后感<br>研究性小论文《世界眼中的霍尔顿》《被细雨侵蚀的灵魂》<br>相关读书笔记 | 回顾专题学习，我竟写下了密密麻麻的 33 页的读书笔记，若每页 600 字，加上 2 篇论文也有两万多字了。除了内心满满的自豪与欣慰，我想着多年后翻开笔记本，必定还有满满的回忆。因为这凝聚了这个时期的我：我的思想，我的逻辑，我爱的花纹，我喜欢的诗，我的十七岁。 | ②讨论课的时间过短。要组织大规模的讨论和交流，时间的支持是需要的，有条件的话可以申请连堂，90分钟的大课对讨论来说也许更加方便，不然有些同学的意见来不及发表，或者有些同学意犹未尽，这都感觉不太好。<br>③限于高中学习，毕竟不能同大学一样有那么多的支配时间，信息的获取渠道也很单一，特别是对于寄宿制的学校来说，但是在有限的条件下获得最大的效果，也就是很好的了。 |
| 活动体验方面 | 班级辩论赛<br>读书交流会<br>拍摄青春 VCR | 成长小说专题从单一的课本到书籍的拓展，给枯燥的学习增添了一丝乐趣。在有例可循和有资料可查的充分条件下，我们也有了自己的作品。这是最值得欣慰的。不仅如此，在此期间我们还开展过辩论赛和讨论课，真正意义上发散了大家的思维，并且也锻炼了大家的口才。<br>品青春、悟人生的感慨还是很多的，喜欢淡然处世的我对于人生在世，在看过如此多的作品阐述后也有了自己的想法与感受，这对我今后的道路应该是有百利而无一害的。 | |

# 我遗你月亮，你予我月光

### 金忆雯

在我十三岁那年，我读到了一句话。那是杨绛先生写给一个高中毕业生的，她说："你的问题在于：书读得不多而想得太多。"毫不夸张地说，这句话改变了我的人生。更准确地说，是阅读改变了我的人生。

十三岁的我正处在心灵极度迷茫的时候。早年因阅读《红楼梦》而过分敏感于时间世事的变化，又加之心智尚小，无法全然领会曹氏的心神，只抓着那一份朦胧而空洞的哀伤，终日戚戚于"一朝春尽红颜老，花落人亡两不知"的哀辞，汲汲于凝视自己依然十分空洞的灵魂，在现实与虚构暧昧的界限里心安理得地做着一只忧郁的井底之蛙。那时候的我无法再沉下心来阅读，剩下的小半册《红楼梦》也被我弃之一边，加之步入初中，学业繁重，便放弃了这件我长时间热爱的事，这一放，就是两年。或许对于一个成年人而言两年不过是两次花好，两次月圆，但是对于成长中的少年那相当于两片完全不同的天空。十三岁正苦恼于学业与人际交往的我，早已忘了要追寻人性之初的美好。所以我永远记得自己在这句话面前手足无措的羞愧。后来每每想起这份羞愧，都会让我更加专注于眼前之物。

再后来，时间便跳转到了2015年。当我知道我们即将换一个女老师时我是有些不安的，因为现在的语文教学相当无趣，教学形式早与高考要求不相符合，高考要求与社会需求不相符合。教学过程中完全不给学生一点自主性，不过是老师从专家那里拿来再塞给我们，作业完全只有应付的必要，再来一个迂腐古板的语文老师我岂不是连平时取点巧都不行了。但是语文上有个手法叫"先抑后扬"，凤姐（我们对语文老师的昵称）让我的心情完美地诠释了这个名词。她直言不讳地告诉我们接下来将要带领我们进行许多专题阅读，我看着大屏幕上长长的书单，那些我闻名已久却一直积压着没读的作品赫然在列，当时的我是喜悦的，不，是激动的，我感觉到生活有了新的挑战，那种肾上腺素分泌过多的感觉已经很久没有过了。有些我一直想做但没有机会和条件做的事现在都成为"不得不"做的事，不过这一次，我甘之如饴。尽管后来事实证明我过于乐观，不过那都是后话了。

这个世界是不公平的，就比如一些能力有人唾手可得，有人辗转反侧、求而不得，在语文学习能力上我一定不属于前者。文学阅读是一件快乐的事，相比之下，文学探究就显得有些枯燥，在探究的过程中，我经常会感到十分艰难，但是山就在那里，你看得见，能不能越过去只取决于你要不要爬，并且意志是否坚定。就这样，发现问题然后把它解决，我一步步往前走，在"为难"自己的过程中渐入佳境。但是在进行专题写作时我再次遇见了困难，很多创作的角度或许在课上已经被众智解决或对我而言毫无探究的意义，我不想说一些已经被人们说烂的东西，也不想写一些我自己都不想知道的东西。我想写一点自己的思考，就这样我再次走上了"为难自己"的道路，过程很曲折，结局也并不美好。由于角度太险，而且写的是我并不擅长的文章，我无法自如地发挥，但是我丝毫不后悔，这就是我想写的东西，是我觉得有价值的东西，我无法把它做得完美是因为现在的我能力不足，仅此而已，无须多虑。我可以安慰自己我资历尚浅，却无法说服自己对原则妥协。我觉得这是所有人在做自己热爱的事情时不能忘记的原则。

总会有那么一个早晨，深秋或初冬，揣着睡意，打开房门，凉意袭人，晴光暖暖。我会微微眯起眼睛看朝阳，却在不经意间遇见昨夜银杏脱下的金黄的衣装。那一刻赤裸裸的，是大地、晨光、树木，还有我。

人生而多障，心灵有谎言依蔽，肉体有皮肤包裹，我们活着，努力让自己百毒不侵，我们以为自己百毒不侵。但人与这个世界相隔多一重障碍，远离真正的自由无碍就多一步。而阅读就是让你强大心灵同时自由无碍的道路。虽然我一个普通的学生在这里大肆宣扬读书的好处，探讨阅读的经验是十分没有说服力的事情，但是我还是要说，也许不是每次阅读都能够得到相应的回报，但是最终，你的阅读会为你建立起一个坐标系，那是属于你自己的评判事物的标准，然后，你便拥有了独立的人格。

我感谢每一个曾经照亮过我夜晚的作者，感谢每一个在前路掌灯的老师，感谢那些具有独立生命力的作品，我遗你月亮，你予我月光。而我，将永久依着月光而活。

# 散落在时间轴上的回忆

### 李健麒

《在细雨中呼喊》是余华的名作之一，在先前我已经读过不少余华的作品，但我觉得这部作品最为独特，独特在他叙事的时间轴，对于第一次读这本小说的我来说，真的是一脸懵懂。

"好好地往下写不行吗？按照时间顺序，一件件事说下来。"我当时发出过这样的疑问。时间轴是错乱的，结构和叙事重点都杂乱无章的小说，却能够获得如此高的评价，在赞叹余华写作功底的同时，不禁也会想到，这是否是作者故意而为，如果是，那么作者的用意何在？

南门，是这个小说的开头，总共分成了三个小的篇章，说到了自己在被王立强接走之前，两个小片段似的记忆。"1965年的时候，一个孩子开始了对黑夜不可名状的恐惧。"这是小说的第一句话，然后他回忆着这段往事，讲述着自己某天晚上看到了什么，遇到了什么，发生了什么，自己又感觉到了什么，然后立即喊停。没错，这个回忆戛然而止，没有任何征兆，而我当时也是没有丝毫防备，好似看完了一个故事一般，接下来的语句是："我六岁时最后的记忆，是我在奔跑……"上一个故事看似一点发展都没有地就这么结束了，如同我先跟你说《狐假虎威》这个故事，然后突然跳到狐狸吃不到葡萄这个故事一般，虽然其中都有狐狸这个角色，却前后不搭，或者说，看起来并没有这么合理，过于突兀。然而这还不算最为严重的，整篇小说的篇章架构都是混乱的，可以说像一个没有思绪的人，想到什么就说什么，例如南门这一篇章中已经涉及我从王立强那儿回来的部分内容了，之后却又用一大章的篇幅写王立强和李秀英，甚至将其作为整本小说的最后一节——回到南门。也许这样的对比还不够明显，那么就以第一大章为例，在第一部分结束时，连续的两个小篇章标题为：死亡，出生。这是两个截然不同却又形影相惜的词语，但是前一个章节刚刚写完"我"父亲孙广才戏剧性的死亡，后边似因果逆转，一下子把孙广才这个腐烂成渣滓的形象迅速拖出来，换发洗面，摇身变成一个健康的农村小伙子——虽然可能还是那么粗俗，却感觉不到那种淤泥的气息，反倒让人感到的是青春和年轻的光芒。而在这个篇章结尾，是"我"的出生，在这之前，是孙广才的死亡，如此不合理的叙述顺序，让当时的我困惑了好久。

随着阶段性阅读的进行，我所接触的书籍也越来越多，从网上看的评论性文章也是五花八门，在慢慢地啃完这些作品之后，一些想法也慢慢地在我脑海中浮现，而对于那几个问题的理解，也有了新的认识。

对于大章的问题，我很快就找到了答案。它主要来源于外国的两本著作，分别是阿加莎·克里斯蒂的《ABC 杀人事件》和艾米莉·勃朗特的《呼啸山庄》，这两本小说分别将主角游离在故事之外，凸显出的是一种冷漠和神秘的氛围。同样，如果将《在细雨中呼喊》中的主角从整本书中拎出来，应该不难发现，每一个篇章的主角都是固定的，第一章是孙家，第二章是苏家兄弟等。"孙光林是这本书的主角"这句话是骗人的，而主角则是每一个篇章中作者回忆的那个人。如此这般，可以得出一个结论，虽然这个结论看起来十分可笑，但还是不得不承认：单从大章的角度来看，在这篇小说中谈论时间这个问题是没有意义的，因为其叙事顺序根本就不是按照时间顺序来排列的。作者所写的，是具体到每一个人的回忆，而这些回忆中，不可能不发生时间上的冲突。如果说常见的回忆录是"编年体"的话，那么《在细雨中呼喊》

就是"传记体"。

然而关于小章节，我竟然是用看似与之无关的一个理论来破解的。有一篇文章阐释了这样一个观点，"《在细雨中呼喊》这部文学作品中充斥着黑暗的暴力美学"，而另一篇则说"余华的这部小说所运用的是片段式的书写方法"。如果把这两个观点结合起来，我们就会看到很多影视剧本中惯用的套路："某名角色在幼年遭遇不幸，长大后却毫无这个方面的记忆，然后因为种种线索而渐渐回忆起并由此进行各种展开"。这样的套路交到导演的手中，也许就会出现这样的画面：首先将镜头移到特定的物品面前，镜头一转，闪过的是一小段回忆，然后在关键时刻又突然切回来。影视和文学之间既然可以相互联系与沟通，那为什么不能将影视中的手法运用到小说上呢？

的确，整篇小说可以说是有关死亡和悲剧的鸣奏曲，难以想象这竟然是一个人的儿时回忆，同时如果从记忆的片段性出发，我们就能够理解为什么会出现这种与众不同的时间轴。也许对一个人来说要去挖掘脑海最为深处的记忆已经很困难，更何况这个记忆充斥着离别与不幸。小说整体篇章错乱不堪，但每一个故事就是一个片段，每一个片段就是一段回忆。作者用这种片段式的手法，来述说他脑袋中仅有的记忆。如果说儿时的回忆原本应当是一个完整的胶卷的话，那么这个胶卷应该已经支离破碎了，余华自己将他们捡起来，大致剪贴一番，然后插到电影播放器里，投影出的就是这本《在细雨中呼喊》。这部小说的特点就在于情节排布的艺术性以及余华自身高超的文笔与描写技巧：即使是在这样混乱的时间轴中，即使是在这样断片的回忆中，他也将其连接起来。就好似我们在看一部人物传记电影，又好像我们坐在余华对面，他在慢慢地抽着烟，绞尽脑汁地想把儿时的记忆述说出来，甚至有些事情他都不想再次追忆。

如此想来，《在细雨中呼喊》这部小说的结构和时间轴似乎并不是那么复杂，反倒是条理清晰且面面俱到。余华在书写自己回忆录的时候，规避了常见的叙事顺序，这不但可以避免流水账，也可以给读者一种新鲜感。在一本小说中多次运用传记体这种手法真的并不多见，加上片段式回忆手法的运用，使得整篇小说很生动。仿佛这并不是一部小说，而是一部微型连续剧，一张一张的胶片在慢慢地转动，眼前的白纸好似荧幕，纸上的黑字好似影片，一帧一帧地展现在我们的眼前。

影视手法与文笔艺术结合在一起，加上黑色幽默和暴力美学的渲染，构成了一部独具一格的回忆录小说，这就是《在细雨中呼喊》。读着读着，我似乎可以看到一位穿着黑色风衣的大叔，叼着一支烟，深沉地问我："今天，你想听谁的故事？"

# 二、师生反思

## （一）教师反思

### 1. 回首曾经的风景

很长一段时间以来，我都自认为自己做语文老师已经轻车熟路了，随便哪篇课文都能信手拈来，随便哪个考点都能了然于心。教学成绩虽不能让众人瞩目，但也一直位居前茅，所以在"现世安稳"中的我没有怀疑过自己的教学。直到 2013 年年底，我第一次接触"专题学习"——那一次北京之行彻底颠覆了我的教学观。不能不说以前的教学中，我偶尔会为某些不可名状的现象担忧过，但这一次的学习，让我曾经的模糊的感觉都得到了明证，我的教材观、课堂观受到了前所未有的冲击，我豁然开朗，并心甘情愿地去尝试改变：我不做"搬运工"，我要做"启思者"！

2014 年春，我和备课组的美玲老师做起了第一个专题——《论语》专题。准确地说，这次是模仿——完全是模仿吴泓老师的《论语》专题。就是这一次尝试，坚定了我搞专题学习的决心。因为我看到了学生在阅读时求知若渴的眼神，看到了他们在课堂上孜孜不倦的探索、在公开课中意犹未尽的讨论……这些不仅迎来了同仁们的好评，也告诉了我，我的模仿是成功的。甚至还有学生说：如果说哥伦布等人的启航开辟了新航路，使这个世界成为一个相互联系的整体，那么，我认为我们的专题学习就是语文学习上的新航路，让我们的视野更加宽广，更加雪亮，重铸希望之光。我知道，这更多地代表着学生遇见专题学习时的欣喜之情，然而就是这份带着夸张的"表白"，让我真切地感受到了我们追寻的意义。

2014 年夏天，在专题学习上刚刚起步的我，被动接受了一个任务——在北师大附校平台举行的专题学习培训上做十节《雷雨》课例展示。我摸着石头过河，将固守了十几年的缺点毫无遗漏地暴露在那么多同仁面前，并被当作"把脉"的"教材"，我的虚荣心和自尊心都受到了极大的"摧残"。然而我清醒地明白，没有撕心裂肺的痛，就没有彻彻底底的蜕变。站在历史的某个节点上，再回忆那年的夏天，我才深深地感叹自己是何等的幸运！如果没有张秋玲教授和吴泓老师对我个人的引领，没有他们一点一滴的指导，就不会有我今天在专题学习上所取得的成绩。

转眼到了 2016 年秋天，送走高三毕业生，我来到了高二，可以说是迫不及待地开始了我的第三个专题教学——成长小说专题。这是我渐入佳境的开始，我对专题的理解逐渐由"形"过渡到了"神"，我更主动地去思考和研究关于专题学习的很多问题：例如专题的确立、材料的选择和提供、学习能力的培养、人文精神的培育等。至此，共整理出学生专题成果集《我和学生一起读〈论语〉》《〈雷雨〉中的世界》等。

回首曾经的风景——那段有苦有累、有汗水有泪水、更有无穷的喜悦与收获的岁月，我深感欣慰，因为我无愧于孩子们的期待，更无愧于自己的选择。

### 2. 关于"成长小说专题"

做"成长小说专题"其实是没有经过太多考虑的，主要原因是微写作课上的一首小诗《奠十八岁》激起了同学们的共鸣，考虑到青春迷茫心理的普遍性，在班里征求意见后，就开始了成长小说专题的学习。

这个专题受到了学生极大的欢迎。

一是阅读内容。很少有不喜欢读小说的同学，何况是成长小说呢。学生说："读成长小说就仿佛读自己，无论是内心的挣扎还是简单的复杂，都是青春的模样，它残忍又千疮百孔，但这就是最真的记忆。"兴趣是最好的老师，一旦学生与主人公有了惺惺相惜之感，走进文字内部的破冰之旅也就容易多了。另外所选评论性文章避免了内容上的过于晦涩，控制好文章的篇幅和数量，学习时按照学习目标和学习进程逐渐提供给学生，所以整个专题下来，学生的感觉是："好像在摘树上的桃子，每次跳高一点点，最后终于摘到了果实。"没有感觉有多艰难，但又收获了成功的喜悦。

二是学习方式。专题学习让学生变成了学习的主人。他们尽情地阅读、主动地探究、激烈地讨论……他们不再为一道道无聊的试题而心烦，他们也不会再因一堂无味的语文课而昏昏欲睡，甚至，他们还会在其他班同学羡慕的眼光中大声说：我们又读了什么书，又看了什么电影，又讨论了什么问题，又写了什么文章，又组织了什么活动……其实，只有我们自己知道，专题学习的过程虽无比幸福但又无比艰辛，只是每一颗青春的心灵都无悔于这样的付出。金忆雯同学在专题回顾中说："在进行专题写作时我再次遇见了困难，很多创作的角度或许在课上已经被众智解决或对我而言毫无探究的意义，我不想说一些已经被人们说烂的东西，也不想写一些我自己都不想知道的东西。我想写一点自己的思考，就这样我再次走上了'为难自己'的道路，过程很曲折，结局也并不美好。由于角度太险，而且写的是我并不擅长的文章，我无法自如地发挥，但是我丝毫不后悔，这就是我想写的东西，是我觉得有价值的东西……"因为值得，所以深爱。

### 3. 迈开脚步，就是成功

（1）我的收获

这是我做的第三个专题，也是最成功的一个。提炼整个专题最大的收获，就是在教会学生学习提出问题、解决问题的过程中，我也学会了勇敢地面对问题，并思考着如何去解决，于是一次次地绞尽脑汁，也一次次地柳暗花明。

当学生无法沉下心来阅读时，当学生不会记读书笔记时，当学生提不出问题时，当学生不会分析和解决问题时，当学生没有写作思路时……每一个看似学习道路上的障碍，实际上就是我们前进道路上的跨栏，一个一个的跨过去，学会了跨越，也到达了终点。

通常我从两个方面指导学生去解决问题。一是心理上的暗示，给予刺激、也给予安慰，我常常告诉学生：

学问学问，是学生在学，是学生在问！

我们没有退路，只有成功的目标和通往目标的道路！

我可以带着你走，但我绝不会代替你走！

提出一个问题比解决一个问题更重要！（爱因斯坦）

二是方法指导，给予路径、给予技巧。

例如在精读原文的时候，针对学生不会深入解析的实际，我给学生印发了吴泓老师搜集整理的《分析文本的三种方法》，带领学生学习，并辅以实例解析，然后让学生用学到的方法去分析原作，如此学生在阅读中就能更深入地走进文本，多角度地挖掘作品主旨，为后面的再读深解打下了坚实的基础。

带领学生解决问题的过程也就是自己能力提升的过程，我在用心、用智慧来做这个专题，所以我真正地触摸到它的魂魄。

(2)学生的收获。

一是爱上了阅读。一个专题下来，同学们纷纷表示这一个多月的阅读量超过了以往的三年！他们的阅读兴趣被调动了，班级里的阅读气氛也浓了。阅读视野的拓宽自然会带来精神上的丰盈，他们与文学主人公进行跨时空的对话，诠释青春的秘密，探索人生的真理。很多自认为黑暗无比的时光，也随着阅读的深入而烟消云散了。

二是学会了思考。专题学习的目的就是要培养学生的思维力，从提出问题，到分析问题，再到解决问题，这个过程就是思考、分析、推理、判断、概括能力提升的过程。专题学习不仅让学生有了与自己内心对话的机会，也让他们有了更多的与彼此争鸣的机会。学生张依宁说："讨论课上，我们互相交流，激发着彼此。有时我会因与一个同学产生极大的共鸣而像遇到知己似的满眼发光地看着他，有时我会因无法理解或与某同学持完全相反观点时忍不住满脸疑惑地问一句为什么。"

三是不惧怕写作。专题学习"读写一体"，读什么就思考什么，思考什么就写什么。语言是思维的外壳，当学生有了足够多的阅读量，当学生的思维在阅读中得到足够的成长，他们还会惧怕写作文吗？整个专题学习我们总共阅读了六十余万字的文字资料，平均每个人写下了三万字的读书笔记（包括习作），更是有多篇习作在嘉兴市研究性学习小论文比赛中获奖。

我们在"成长小说专题"成果集——《月光集》后记中这样写道：

我不敢也不能说我们成功了，因为前进的道路上，确实还有很多不足要改进，还有很多困难要面对。但过于关注结果，往往会忽略了要去享受过程。对成功的执迷反而会使人束缚了手脚，就像黑格尔说的：只有永远躺在泥坑里的人，才不会再掉进泥坑。

让我们记住汪国真的那句诗：我不去想是否能够成功，既然选择了远方，便只顾风雨兼程。

因为，迈开脚步，就是成功！

## (二)学生反思

学生茹畅舆:

我想,其实,每个人都会走过自己的青春迷宫,找到那个属于自己的出口。而成功与否,平庸与否,死亡与否,不过是一种存在方式。从无忧无虑的孩童时代,到被烦恼包裹着的青春期,又在跌撞中走向成熟。成熟是每个人都无法避免的。青春迷宫通过挫折带给我们的,是更加缜密的思维,更加成熟的思考,更加坚强的内心。也是青春这个迷宫,使我们对创业立业——人生的下一个启程,有了勇气与能力。当马小军与昔日的好友再度相聚,回忆起青春年华时,会是欢腾愉快。当霍尔顿逐渐成长,在金黄色麦田的生活中,会是美好欣慰。孙光林或许会成家立业,生活在向往的城市。而尼尔,为梦想信念勇敢追求的灵魂,会得到大地的升华,在天堂安好。在青春迷宫里的我们,要好好地感受那份甜蜜,那份辛酸,时常告诉自己不忘初衷,问问自己,眼里是否还有为理想而闪烁的亮光。我们也需要铭记老师使我们明白的话:"当我们平安无事地走过青春的迷宫,整个世界,都是我们的。"

学生蔡雯扬:

我总是在想为什么青春这样残忍的事情,会被冠以最美年华的美名。在阅读了这些书、观看了这些电影后,我才意识到,青春之所以美好是因为只有那些还拥有青春的少年才会无所顾虑地去听随自己的心,而那些在长大后会被戴着有色眼镜看待的事情,只有在这个丝毫不在乎别人的心、因为一无所有才如此坦荡的年代被允许。世界上的一切事物都包含着既相互对立,又相互统一的两个方面,青春便是最好的例子。无论是内心的挣扎还是简单的复杂,都是青春的模样,它残忍又千疮百孔,但这就是最真的记忆。这样美好的苦难,我们一边依赖着,体会着,又一边拒绝着,或许在我们体会过世间百态之后,这样简单纯粹的时光便是我们唯一被允许珍藏和回忆的,因为这场美好的苦难只有你一个人会懂,即使是父母也不会懂,因为他们不是你。

也许在我长大了,在我老了后,回想自己的青春,会变得很可笑,会变得很幼稚,可这就是最真实的我,在被社会规矩化之前的我,简单纯粹,梦想着那些长大后不敢想象的事。这样美好的苦难,不会是我人生诗章中最为传唱的一章,但会是我最为青睐的一章,是只有我才读得懂的一章。

**学生许清霞：**

在忙碌的学习中，这一刻的我觉得身心放松。我珍惜这片刻的放松，在阅读中我将自己暂时从现实中抽离，陷入书中。看着书，我会放空，也会思考。在这学期语文专题阅读中，老师让我们看的是余华的书。在这之前我早已看过一遍，但只是了解了故事情节，可以说只是浏览了一遍。我喜欢看小说，因为它有情节，很吸引人。但是大多数的小说我只看了一遍就不会再看，可以说这次专题阅读是我第一次那么认真地去看一本书，去研究它的主题。一开始我并不习惯，有时会怀疑这样阅读真的很有用吗？但是渐渐地我习惯了，每天都阅读一些，写自己的思考或摘抄下书中的一些内容，这成了我生活的一部分。阅读就是这样的吧，不是一种急进，而是慢慢地积累。这世上没有一蹴而就的事，一步一步地前进才是最可靠的事情。

还有我平常最不喜欢看那种研究性的文章，觉得这类文章写得生硬无趣，读起来有些干巴巴的，看多了甚至让人觉得有些头痛。但是老师偏偏会发下很多这种文章，一开始我会有些心烦，但是后来看多了，便不再这样想。看别人的文章是一种学习，看着别人的思考便觉得自己的思考并不深入。我们不能妄自菲薄，却也不能生活在长久的自我满足中，沉下心来看看别人，向他人学习，才能让自己超越自己。

趁青春未老，趁岁月正好，不如多看些书，多些思考，让自己成为一个有品位的人。

# 三、学生成果

本次专题学习共收到学生习作 320 篇左右，从中删选并编辑成册《月光集》。其中有许多习作精品，或从人物鉴赏来入手，或以青春主题为依托，或用精神分析做方法……方方面面地反映出学生在专题中的所读、所感、所思、所得。因篇幅所限，特选具有代表性的五篇学生作品予以展示。

# 世界眼中的霍尔顿

陈蒙悦

世界在你眼中是怎么样的呢？一百个人或许有一百的 $n$ 次方种答案，因为即使是同一个人，在不同的角度与境遇下，都会有不同的看法。面对蚂蚁时，世界是多么渺小，连一粒小小的米粒都是庞然大物；面对大海时，世界是多么广大，望不到界限更到不了边际。开心的时候，树儿是绿的，花儿是香的；难过的时候天空是灰的，月儿是缺的……

那在世界的眼中，你——会是怎么样的？

在霍尔顿同窗、师友眼中，他大概是个坏小子吧？——说脏话，抽烟喝酒，多次被学校劝退，甚至曾找过妓女。没错，他的确够混账。他口口声声说讨厌这个假模假式的世界，评价身边总有令人作呕的装腔作势的人，但又连他自己都说："你这辈子大概没见过比我更会撒谎的人。"他挥霍钱财，一大笔钱在三天内便在夜总会、酒吧等地方用得干干净净、分文不剩，甚至要向妹妹借钱；他虚度光阴，不曾将时间好好用在学习上，五门功课中四门都不及格……简直是个"不良少年"，更有甚者称他是个"疯子"。大概也正因为如此，很多人对于他再次被学校劝退表现出超乎常理的冷漠和平静，仿佛一切都在预料之中，毫无同情之意。

在霍尔顿父母眼中，他大概是个行为奇怪、性格乖张的孩子。霍尔顿有一个当作家的哥哥 D. B. ，一个乖巧聪颖的妹妹菲苾，和一个生前极为懂事睿智的弟弟艾里。可想而知，在这样的一个家庭中，在众多出众的儿女中，霍尔顿是并不起眼的一个，甚至可以说是最堪忧的一个。虽说父母对每一个孩子都是爱的，但很难说这种爱是绝对公平的，是毫无偏向的。毕竟每个人都会喜欢更美好的事物。但显然，霍尔顿并不是归在"更美好"一类内。通俗地说，就是霍尔顿估计在家中并不是最受重视的一个。通过阅读书的后部分可得知——霍尔顿被送进精神病医院，这起码可以知道他的父母并不怎么了解他，并不懂得他的内心世界，并没有进入其中去聆听霍尔顿的困惑与烦恼。当他们得知霍尔顿的"事迹"后，第一反应一定不是"他为什么会这么做"，而是"他怎么可以这么做"。或许在他们看来，霍尔顿的很多行为举止都是"不够正常的"，是"疯狂"的。

这样的一个人，在妹妹菲苾眼中，却是个好哥哥，起码是个让她喜欢的哥哥。当菲苾见到霍尔顿时，"'霍尔顿'，她立刻说，她还用两臂搂住我的脖子。……有时候她简直是太热情了。我吻了她一下，她就说：'你什么时候回家的?'她见了我真是高兴得要命。你看得出来。"从描述中不难感受这对兄妹之间的亲昵。而当霍尔顿表示要离开时，菲苾毫不犹豫地整理好了自己的行李，坚决要同霍尔顿一起离开，可见菲苾对霍尔顿是信任乃至依赖的，她认定跟着霍尔顿走是正确的选择，她享受和霍尔顿一起的时光。当霍尔顿催促菲苾："你再迟就来不及了，就骑不着你的那匹木马了。"可她还是呆着不走。"你刚才的话说了算不算数？你真的哪儿也不去了？你真的一会就回家？"她问霍尔顿。直到霍尔顿再三保证，她才欢快地跑开，去玩她最爱的"旋转木马"。菲苾是真的将霍尔顿放在内心的一个重要位置，当成一个非常非常重要的人，极其珍爱这个哥哥。

而在霍尔顿自己的眼中，他是一个失败的人。没错，你没有听错，那个表面一副狂妄不羁的家伙，对自己的定义竟然是这样的。书中有这么一段话："球赛，屁的球赛。对某些人说是球赛。你要是参加了实力雄厚的那一边，那倒可以说是场球赛，不错——我愿意承认这一点。可你要是参加了另外那一边，一点实力也没有，那么还赛得了什么球？什么也赛不成。根本谈不上什么球赛。"这段话中，显然霍尔顿认为自己是在"另外那一边"。一场早已注定了输赢的比赛，对赢的那一方可以说是一个展示自己的"秀"；而"一点实力也没有"的那一方呢，再努力再拼命又有何用，注定的输赢不过让一切成为了一场"小丑秀"罢了，不过是让其做了陪衬红花的绿叶罢了。霍尔顿对自己是绝望的，他看不到自己身上的希望，因而出现了很多自暴自弃的行为。兄弟姊妹的太过耀眼以及父母有意无意的忽视，或许也是他对自己形成这般认识的原因之一。他曾说过——除了我，他们都很聪明……说这话时的霍尔顿，是不是又用红色猎人帽的鸭舌遮住了脸（如果菲苾还未将它拿走的话）——竭力表现出一副毫不在意的样子，只为隐藏内心最真实的落寞……

那我们眼中的霍尔顿是怎么样的呢？他，只是个自卑的稚嫩的孩子，对自己以及自己的未来缺乏自信。他表面漫不经心，好似肆无忌惮，内心却敏感而柔软。还记得霍尔顿在火车上同欧纳斯特的母亲的一番"胡扯"吗？初读该处，真有种不知所云的感觉——在一个糟糕混乱的夜晚，同一个中年妇女聊天？这怎么想都令人摸不着头脑。然而再读时，似乎有所悟。没错，这是个糟糕的夜晚。霍尔顿已经被学校劝退，可那些朝夕相处的同伴却没有一人表现出即使那么一点点的同情与不舍，反而是毫不手软地"榨干"了他所有的剩余的利用价值：借衣服，帮忙写作文……霍尔顿的心是"拔凉拔凉"的呀。然而当他忍无可忍地一赌气离开那个没有人情味的学校后，霍尔顿却可怜地发现自己实际上是无去无从的——身边没有一个亲人，他甚至都不能去找他们，因为他自知能带给他们的，只有烦恼和忧愁。在那个时候，他遇见了那个中年妇女。他东拉西扯好似谈得热火朝天，或许只有他自己清楚——这些不过是为了逃避内心的孤寂和凄凉罢了，不想显得自己太孤单，仿佛已经被全世界所遗弃。这是他对真实内心的一种掩饰，一种自欺欺人，好像这样就可以证明：所有的一切在我眼里都没什么大不了的，我现在很好！的确，他的"伪装"很成功，所有人都相信了，连他自己都开始相信……

那他为什么不告诉妇人自己的真实姓名呢？这也是他潜意识里的一种自我保护，他害怕暴露自己，自卑于现实中的自己，所以不惜借用别人的名字来隐匿，以此得到一些安全感。至于他为什么要欺骗欧纳斯特的母亲说他儿子很棒呢？一方面，是他希望能和这位妇人继续聊下去，那么以她儿子作为谈资是再好不过的选择；另一方面，霍尔顿在一个母亲面前将她实际上"混账"、恶劣的儿子不断夸赞，是否因为他内心深处也希望自己的母亲能听到别人赞扬自己的话，会因此感到欣喜和宽慰，就像眼前的妇女一样呢？霍尔顿远比他自己所意识到、所表现的更在意这一切吧。

在书中，霍尔顿曾两次提到他讨厌别人说运气好，尤其于一处的描述更为详细。他说："我自己从来不跟任何人说'运气好'。你只要仔细想想，就会觉得这话真是可怕。"其一，这是霍尔顿厌恶虚伪的一种表现。因为运气好通常是一个处于强势一方的人对于弱势一方的"祝福"，这难免就带上了几分同情和高高在上之感。或许是因为霍尔顿认为这种祝福不够真心，带着几分同情、可怜、施舍的味道，所以"不愿"。其二，当一个人对另一个人，尤其是强势的对弱势的（起码表面上如此）说这句话，岂不似乎在暗示："家伙，别挣扎了，你的努力全都是泡汤的。你再怎么拼命也改变不了命运。还不如祈祷你的运气好些！"呵，就把一个人的人生置于了"运气"——似轻烟般虚无缥缈的东西之上，岂不可怕？由此可见，霍尔顿其实是个思想成熟而深刻的人。

而从霍尔顿无法想象与忍受艾里——即使只是他的尸体，孤零零一个呆在墓地里，有雨水打在他肚皮上的荒草上。而其余的人则若无其事地开始自己的新生活；以及因为妹妹菲苾一定要跟着自己一同离开，霍尔顿最终还是放弃了选择离开的决定。他身为一个兄长，不愿让自己的妹妹过居无定所、毫无保障的生活，这也是为人子女对父母的一种考量，不希望他们在痛失一个儿子后，大儿子在遥远的地方工作，又失去他们仅存的"一儿一女"。这些都能看出霍尔顿丰富的情感世界。然而他却没有将这些表达，反而将这疼爱、顾惜隐于怒火之下，甚至惹怒了老菲苾。多么虚伪啊，可这只是因为霍尔顿不愿暴露自己柔软的内心。若褪去这层掩饰，也就夺去了他面对现实的坚实铠甲。霍尔顿的虚伪，是一种保护。与此同时，也可以看出他对这个世界以及身边的人是缺乏信任的。或许也正因为这样，他才会对安多里尼先生的举动反应如此激烈。说实话，凭安多里尼先生和霍尔顿的交情，这个摸头的举动并不十分过分。但或许是因为他长期以来没有得到足够的重视，内心极度缺爱，渴望被关心，但又不习惯甚至紧张于被爱，不懂得自然坦荡地去接受他人的善意。就像那长期处于黑暗中的人，一方面极度渴望光明，一方面又害怕胆怯于那一份未知的光明。所以霍尔顿"落荒而逃"的反应出于意料之外，又实在情理之中。这就是霍尔顿，一个读者眼中自卑、胆怯、敏感、感情丰富、稚嫩又成熟的人。

霍尔顿是个怎么样的人，没有标准答案。但当把所有的五花八门的答案都拼接在一起，出现的就是一个最真实的霍尔顿。

世界眼中的霍尔顿是这样，那你呢，在世界的眼中，你会是怎么样的人呢？

## 琴——一通未完成的电

### 廖静云

读完《麦田里的守望者》，我对书中那位名叫琴的女孩甚是好奇。那位常常与霍尔顿下着跳棋的女孩，那位总是与霍尔顿拉着手的女孩，那位从未出场过的女孩，那位从未接起过霍尔顿电话的女孩。琴究竟是一位怎样的女孩，又为什么让霍尔顿如此迷恋呢？

"我并不打算把她说成地道的美人。可她的确让我神魂颠倒。"这是霍尔顿对琴的评价。令人奇怪的是，霍尔顿通篇都在用"他妈的""乖乖"等词骂着各色人等，却对琴毫无保留地抒发赞扬与喜欢之情，将书翻来覆去，其实不难发现原因，无非是琴与霍尔顿所厌恶、痛恨的虚伪世界远了许多罢了。

"我母亲不怎么喜欢琴。我是说琴和她妈妈见了我母亲老是不跟她打招呼，我母亲就以为她们是故意怠慢她。"由此可以看出，琴在自己本可以讨好的人面前从不虚伪地表现出讨好之情。"大多数的姑娘你要是握住她们的手，她们那只混账的手就会死在你手里，要不然她们就觉得非把自己的手动个不停不可，好像生怕让你觉得腻烦似的。琴可不一样。我们进了一个混账电影院什么的，就马上握起手来，直到电影放完才放开，既不改变手的位置，也不拿手大做文章。"在别人面前从来不矫揉造作，自然而又真实，这不正是霍尔顿想要的吗？再说到霍尔顿的另一位女友萨丽，她不仅像霍尔顿所说的那样虚伪，她也让霍尔顿变得虚伪，让霍尔顿不得不违背本心夸赞她，终令其跳入虚伪的圈套，陷入了无限的自我矛盾中。"跟琴握手，你甚至都不会担心自己的手是不是在出汗。"跟琴在一起时的霍尔顿，无疑是最真实的，对于霍尔顿来说，琴就是他苟延残喘活艰难于这世界上的一处休憩的港湾，是让他感到无比轻松的摇篮。

读完小说的我们都知道，霍尔顿是极其痛苦与迷茫的。他在潘西的操场痛苦地控告这世界的虚伪，在纽约的街头痛苦地游荡，在这虚伪的社会痛苦地挣扎。但他与琴的回忆却充满着喜悦、激动。与她在一起下跳棋的午后，与她在一起看电影时拉起的双手，在沙发椅子上青涩亲吻她的悸动，这些，都是上天赐予霍尔顿的为数不多的美好。每当霍尔顿讲述着与琴在一起的回忆时，言语中洋溢着的，是读者感受到的散不去的快乐："你只知道自己很快乐。你的确很快乐。"痛苦了太久，也会忘记幸福的感觉。在霍尔顿的世界中，琴就是那一剂唤醒霍尔顿幸福感觉的良药，支持着霍尔顿艰难地活在这虚伪世界的一处休憩的港湾。

毫无疑问，霍尔顿是无限地爱着琴的，可在行文中，霍尔顿却始终没有拨通那一个他想打却没有打出的电话："接着我想到给琴·迦拉格的母亲挂个电话，打听一下琴的假期什么时候开始，可我又不怎么想打。再说时间也太晚了。""我站在窗口不动，心里却起了个念头，琢磨着要不要给琴挂个电话……我没这么做的唯一原因是我当时情绪不对头。你要是没那种情绪，这类事是做不好的。""最后我忽然灵机一动，想打个电话给琴，看看她是不是回家了……可我一走进电话间，就没有心情打电话给琴。"多少次想要拨打那个电话，却又多少次被"可我不想""没有那种情绪"打断念想。霍尔顿究竟为何多次想要拨那一个电话？又为何多次没有打向那个电话？通过查找上述文段的前后内容，不难发现，霍尔顿多次想打给琴电话之前，都经历着自我虚伪表现、自我矛盾表现的过程：与欧纳斯特母亲虚伪地交谈；与萨丽那个虚伪的女孩虚伪地交往；对萨丽虚伪地说着"我爱你"。这些虚伪无疑是霍尔顿最厌恶痛恨的，但他在这灰暗的虚伪社会又不得不矛盾地做着自己痛恨的虚伪之事，这也让霍尔顿的痛苦日复一日地加深，让霍尔顿离他内心所向往的真实世界越来越远，那种深陷虚伪的痛苦与渴望真实的念想致使霍尔顿总想拨通琴的电话去追寻从前的幸福与真实，因为琴是那样真实。但面对自己如此真实的想法，霍尔顿却一次次地选择了一贯使用的方法——逃避。因为治愈伤痕亦会带来伤痕的疼痛，在霍尔顿真实之前，必须承受自己不知不觉被虚伪世界同化的那份痛苦，在那份厌恶的痛苦面前，霍尔顿选择了用逃避这种虚伪的方式躲避痛苦。一次又一次的躲避，让他陷入虚伪的深渊，越陷越深。当他有一天幡然醒悟，想真真切切找回真实时，却早已逃不出虚伪的深渊："我又给琴打了个电话，可没人来接，我只好把电话挂了。"所以，琴对于霍尔顿来说，更象征着一种真实。霍尔顿一次次想要给琴打电话的过程，就是他一次次接近真实的过程；霍尔顿一次次放弃打电话的瞬间，就代表着他一次次地推开真实，走向虚伪与矛盾；而他终于有勇气拨向那通电话却再也没有人接起的事实，也残忍地喻示着，霍尔顿终究还是躲不过被这个世界的虚伪所折磨，所侵蚀，无论在西部还是这里，他终究找不到所谓的真实地带。多么希望琴只是霍尔顿眼中那个陪他下跳棋的有趣女孩，也多希望霍尔顿只是当初那个牵着琴的手的少年。但毕竟，希望却只是希望，似乎永远看不到实现的可能。但我仍然固执地希望，有一天，霍尔顿会重新有勇气牵起那双多久没牵起的手，拿起那个拨向琴的电话。

## 孤独也有伴同行

张依宁

是青春的底蕴就是孤独，抑或是孤独弥漫了整个青春。

——题记

"遇到深夜有人在街上大笑，纽约确是个可怕的地方。你在好几英里外都听得见这笑声。你会觉得那么孤独，那么沮丧。"

这是某晚霍尔顿独自一人走在纽约街头的心里所想，带着一抹颓废，一份悲凉。霍尔顿像只空瓶，四处游荡。夜路有人同行，应是件值得庆幸的事，为何会孤独和沮丧？周国平讲：孤独和喧嚣都难以忍受。如果一定要忍受，他宁可选择孤独。霍尔顿也许就是这种心态。这人间的喧嚣只让他看到了社会的种种丑恶和"假模假式"的伪君子们，世界之于霍尔顿只有谎言没有诚实，只有伪善没有真爱。他厌恶这一切，以至于想逃到穷乡僻壤假装成一个又聋又哑的人。想起了朱自清先生看到满池的荷塘月色时发出的叹息：但热闹是它们的，我什么也没有。先生的内心是无声、自由的，一个人静静地不受干扰，像霍尔顿一样酿着孤独的酒。

《文化苦旅》中有这样一句：孤独不是一种脾性，而是一种无奈。尽管霍尔顿出生在一个富裕的家庭，却从不为自己的家庭感到骄傲或与自己的父母关系亲近。家庭能为他提供的仅仅是金钱上的支持。祖母记不起他的生日，所以一年内要寄给他四次钱作为生日礼物。尽管如此，霍尔顿却依旧表现出对家庭对母亲的挂念，尤其是在弟弟去世后母亲身体欠佳时。当他想到自己的母亲去冰鞋店一遍遍地询问售货员的场景以及自己被学校再次开除的事实时，霍尔顿便为此感到压抑难过。就连霍尔顿与阿克莱在外面闲逛时所说的话也让人心疼："亲爱的妈妈，这儿的一切怎么都这样黑啊。""亲爱的妈妈，把你的手给我吧。你干吗不把你的手给我呢！"周国平在《爱与孤独》中写道："孤独和爱是互为根源的，孤独无非是爱寻求接受而不可得，而爱也无非是对他人孤独的发现和抚慰。"然而，在这里，只有霍尔顿的寻求，没有旁人的发现和抚慰。就算是自己被学校开除时，父母给他的唯一感觉也是如果他们知道自己被学校开除的事，他们肯定会杀了他。看到过一句话："人的嘴不仅可以用来亲吻，还可以交流。"可霍尔顿的挣扎，却像间着隔音玻璃，徒劳地张嘴说着，对方什么也听不见。于是在最亲密的人面前，只能瞥见自己更深的孤独。一如海水，越喝越渴，越渴越喝。只能闭起嘴，掉进虚无里。没有旁人、没有言语，什么都没有，只有孑然一身。

孤独的人有他们自己的沼泽，霍尔顿心中也藏了一个有着艾里、菲苾、两个修女、跳窗子的凯瑟尔的纯洁、真诚的快乐世界。在霍尔顿眼中，艾里是这个到处充满着虚伪的成人世界中不被同化的少数人之一，就像他一样，不，艾里做得比他更好。艾里是霍尔顿心中完美的理想形象，是他苦苦追求而获得的天真、纯洁。霍尔顿自己也承认他敬重艾里胜过耶稣，他为他祈祷、祝福。因为艾里，霍尔顿在孤身一人时也有了念想。霍尔顿与妹妹保持着良好的关系，妹妹菲苾的真诚爱护、百般照顾使霍尔顿十分感动，这弥补了他在母亲那里缺失的来自女性的关爱。很多人都说霍尔顿是孤独的守望者，可是当看见菲苾提着行李箱，对霍尔顿说"我跟你一起走"的时候，觉得霍尔顿孤独的诅咒已经解开。是菲苾的真爱和热情唤醒了他孤独寂寞的心灵，唤醒了他对生活的热爱，使他开始重新审视自己，审视社会。文末，霍尔顿将红猎帽送给了妹妹，希望妹妹的纯洁快乐在受到侵蚀之前得到保护，永远保持纯真快乐。安多里尼老师曾对霍尔顿讲过一句："一个成熟男子的标志是他愿意为某种事业卑贱地活着。"也许霍尔顿做不到这般伟大，可每当他讨厌这个世界，厌倦、绝望的时候，有菲苾在，让他知道自己并非孑然一身，无依无靠。大概对于霍尔顿来说，菲苾也是个让他留在世界的理由吧。

就像刘瑜写的"其实满世界都是霍尔顿"。16岁的霍尔顿，30岁的霍尔顿，60岁的霍尔顿。霍尔顿不是唯一一个感到惶惑恐惧，他也一点也不孤独，世界上有这样感受的人真是太多啦！

要知道孤独与寂寞不一样，寂寞会发慌，孤独则是饱满的。霍尔顿的孤独路上有人同行，也希望他像刘同说的："在孤独之前是迷茫，孤独之后是成长。"

## 生命之树荫蔽下的青春

### 王佳森

在历经《麦田里的守护者》《在细雨中呼喊》《死亡诗社》（以下分别简称《麦田》《细雨》《诗社》）的了解和剖析之后，我对青春在生命之中的意义愈发有了不一样的思考，对生命之于人的意义是什么、青春这个过程又该如何面对等问题，都有了新的思考的切入点，并获得一些启迪。下面就来探讨人之于青春和生命的意义。

众所周知，人的终点即生命的终点就是死亡。那么，何来生命的意义一说呢？在既定的结局之下哪里会有生命的真谛呢？不用说，答案自然就在上述三部作品之中。其中最直接探讨生与死的要数《细雨》和《诗社》，这是两部敢于直面生命的生与死的作品。虽说作者在生命的命题上都略有领悟，但侧重又有所不同。《细雨》更偏向生命过程的一个消耗。生命是一定会被消耗的，那么余华就在"消耗"这个角度上筛选出了弃绝的人生瞬间。生命可以很长，但生命的意义却往往只在瞬间。生存不易，余华在自己的作品中领悟到了"超然于弃绝"这个意义，也就是说生命是不可能不被弃绝的，但可以以一视同仁的客观的眼光来超脱生死。这其实是一种唯物主义下的主观性乐观。但不要忘了,《细雨》更是一部从青春角度来审视世界的名作,因而《细雨》是附带了青春的种种属性的。青春的不被关注、缺乏尊重和懵懵懂懂的成长状况都一定程度上影响了小说之于生命的客观分析,但他也陈述了对待生命的另一种角度,即青春的未知的超然。

反观《诗社》,同样是直面生命的生与死,它却少了余华那种韧劲,更多的是浪漫与激情。因为他的故事线单从教育出发,没有了《细雨》那种人生的压迫感,自然也就多了一分轻松。《诗社》给了另一份关于生命意义的答案,它认为生命的意义在于人的发展,而发展之物的具象就是诗歌的浪漫,而方法就是教育。教育是国家的根本,一向都是被诟病的对象,其原因就在于教育的更新换代非常缓慢,新时期的经济发展经受不起腐朽陈旧的教育摧残。基丁老师的使命就是告诉读者生命不应被奴役在现有的体制之下。它与《细雨》相比更加浪漫和具有力量,因为它的现实感更能激起人们内心对于教育的不满和愤懑。诚然,《诗社》中也有因歌剧梦难圆而死亡的学生,但"死亡诗社"之所以称之为"死亡诗社","死亡"二字的真谛就是祭奠逝去的青春和梦想,从而孕育出时代所缺少的人性,以此来缅怀青春生命并礼赞年轻的冲动。

浅显地对比一下《诗社》和《细雨》,《诗社》的故事线虽然仅仅是人生中的青春片段,较之《细雨》而言要短得多,但那独具匠心的叙述所带来的震撼和感动我想丝毫不会比《细雨》少多少。"引导"成了全影片的关键词,基丁老师并不教授多少知识,甚至于完全脱离于书本,但他赐予了学生一种在迷惘中突围的力量,这种力量是《细雨》所一直渴求的。在《细雨》中,孙光林始终在人生这个迷雾的氛围中难以逃脱。换言之,《诗社》在自以为醒悟这一点上是高于《细雨》的,但以上都不能作为评价作品深度的最终评定。人物的个人发展程度从来不是作品的全部,任何作品都是生活艺术的另一种映射,而生命从来都是没有高下之分的,更不用说评价它们了,若非要定下一个标准,那么用普世的大众审美趋向的完美程度或许是个不错的选择。在传统和相对于未来的美好幻想中,基丁老师处在了一个完美的平衡之中,热爱生命又不缺失生命应有的尊严,所以当懵懂、莽撞和梦想的力量以生命的名义悄然释放之时,或许也就是生命之树荫蔽下的青春绽放的日子。

相较于前两部,《麦田里的守望者》略微有些尴尬,由于口语体的限制,它在语言上不可能有那么深奥，但同样口语体却能够更加清晰地展现社会的不完全体的特征。霍尔顿就是孩童的天真纯朴和成人的虚伪丑陋的混合体，他是这整个时代交接的产物，因而具有了普世研究的价值。和前两部作品不同的是，其主人公个人人格的独立性更加突出，"叛逆"这个特征在作品中有了和前两部完全不一样的体现。时间线的更加狭小和人物关系的更加简单使得小说主人公身上几乎没有太多时代和家庭方面的束缚，即便有也比前两部作品轻得多。所以《麦田》又给了生命意义不一样的答案，那就是自我保护下的独立。在霍尔顿茫然和断裂的叙事中，我们看得出霍尔顿的人格是在社会和成长的压力下所独立起来的畸形的青春，并非是缺少教育，而是社会这个大染缸本身就是教育的一个载体。个体的自恋使霍尔顿陶醉在理想的自我之中，从而获得了精神上的愉悦。他不必理会外界多余的杂乱干扰，在寻找中站立起来。不得不说的是，虽然麻痹和堕落在小说中也有体现，但也是因为那个时代所遗留的杂质，放至今日，霍尔顿的艺术形象只会愈发地受到肯定和赞扬，是具有光辉的艺术魅力的。

青春百味，了却生死，仍不过活在凡尘。
荼蘼过后，花香依旧，不思量仍觉春深。
暖风微醺，暮色浅昏，几回临风枯肠竭。
浑浑经年，零落满园，又一年花落末了。

# 《在细雨中呼喊》中的孩子形象

## 王 蕾

关于《在细雨中呼喊》，余华曾经指出："我要说明的是，这虽然不是一部自传，里面却是云集了我童年和少年时期的感受和理解，当然这样的感受和理解是以记忆的方式得到了重温。"可以认为《在细雨中呼喊》是融合了作者幼年经验的一部和成长有关的小说。少年是一个人成长的关键时期，所以本文主要分析小说中孩子的形象，探究家庭与成长的关系。

### 一、真性情的鲁鲁

鲁鲁的母亲是冯玉清，一个有故事的女人。早年冯玉清跟一个货郎私奔，五年后独自领着鲁鲁回到南门。迫于生活的压力，冯玉清白天洗塑料薄膜，晚上做起了皮肉生意。由于一直忙于生计，所以冯玉清对于鲁鲁是缺少照顾和关爱的。当鲁鲁回到家时，冯玉清对鲁鲁也只有打骂，没有丝毫的关心。而对于鲁鲁来说，他做得最多的就是打架，甚至编造出来一个哥哥来保护、安慰自己。可见鲁鲁是多么的孤单无助。孙光林的出现，对于鲁鲁是一种依靠，孙光林让鲁鲁感受到了温暖。当鲁鲁放学看不到孙光林时，鲁鲁会着急，会不知所措；当孙光林与郑亮接触太多时，鲁鲁会吃醋。最后，当冯玉清被抓去劳教时，鲁鲁被人抛弃了，他成了彻底的流浪儿，开始了一个七岁孩子寻母的旅途，结果是可喜的，他找到了他的母亲，但也开始了风餐露宿的生活。鲁鲁的不知所措、霸道以及他的人情世故，让我觉得他是一个真性情的孩子，但同时也是一个被家庭抛弃、被命运抛弃的孩子，是一个让人觉得惋惜、感到心疼的孩子。

## 二、小大人的国庆

国庆出生在一个富裕的家庭中，母亲很早去世，父亲忙于工作。在富足的生活条件下，国庆理应不缺乏任何东西，但事实上他也是一个缺乏爱的孩子。文中国庆能照顾自己的生活起居，身上永远带着一块手帕，他也有自己的药箱。文中对于他家人描写的很少，唯一的爸爸要娶继母，因为家庭矛盾，国庆也被他的爸爸抛弃。那时的他只有九岁。为了生活，十三岁的他不得不辍学打工，靠送煤的工作来养活自己。十三岁的他甚至谈了一场懵懂的恋爱。他看上了一个只有十一岁的女孩，一次甚至学着大人的样子给他未来的岳父送礼。不得不说，国庆过于成熟，让人觉得不可思议。女孩的父母不同意，国庆一时冲动竟然拿着刀冲进了女孩的家里。当然国庆为这疯狂的举动付出惨痛的代价。

## 三、被人遗忘的苏宇和刘小青

苏宇和刘小青他们最后的结局一样都步入了死亡。他们致死的根本原因不一样，但直接原因是一样的，那就是亲人的忽视。在苏宇死时，他的父母早上起来经过他的床时，第一句抱怨的是他怎么还不起床去打水。父母兄弟多次经过他的床却没有察觉出他的异样，甚至不叫一下他。可怜苏宇在黑暗与光明中沉沉浮浮，饱受折磨后仍然步入死亡。刘小青也是一样，他一个插队的知青回到家里，父亲因为他在家里住的时间长了一些，就天天训斥他。刘小青也曾可怜巴巴地告诉过他的父亲，他一点力气都没有，不想吃东西，更不能干活，但他的父亲还是无情地把他儿子赶回去了。在当时，虽然苏宇和刘小青还没有成年，但这个年龄段的孩子，在农村，在那个年代已经几乎不受监管了。命运对他们是不公的，但更令人寒心的是父母对待自己孩子的态度。孩子对于那个年代的人意味着什么？劳动力还是传宗接代的工具？

## 四、总结

再想想我们现在的生活，无疑我们是幸福的。我们沐浴着全家乃至更多人的宠爱。而鲁鲁和国庆他们却过早地承受了人生的不幸。是什么造成了这样的差异？我的答案是家庭。鲁鲁和国庆都生活在单亲家庭中，他们所得到的爱本就比一般的孩子少，再加上父母的忙碌，他们所得到的关爱和教育就更少了。都说，家庭是孩子的第一所学校，父母是孩子的第一任老师。所以说家庭教育对于孩子的成长至关重要。没有家庭的教育和关爱，所以鲁鲁的生活中除了打架还是打架，所以国庆过早地成熟，并有了造成他后面冲动的举动。还有苏宇和刘小青也是一样，他们都缺少来自家庭的关爱与重视，所以走向了死亡。所以说，家庭对于一个孩子的成长是很重要的。

家，在我的心中一直都是爱和温暖的代表，它是爱的港湾。我一回到家就什么烦恼也没有了。但在《在细雨中呼喊》中，在余华的笔下，我却看到了一个截然不同的家的形象：家是一个荒凉的沙漠，是一个受难所而不是避难所，里面充满了冷漠。正是这样一个生存环境，影响了人物的心理、行为与成长。在本文开头余华的话中提到"这里面云集了我童年和少年时期的感受与理解"。在作品中，余华通过种种家庭悲剧的描写将人成长过程中的孤独、无助、伤痛等感受传达出来。由此可见余华也是一个有故事的人，他的童年或许并不幸福。而在《在细雨中呼喊》中的家庭悲剧，一开始让我无法接受，我想现实生活中真的有这么多的悲剧吗？但渐渐地我意识到正是书中与现实的巨大反差，让我们在感慨自己幸运的同时也要好好珍惜我们现在所拥有的一切，不要身在福中不知福！